UNIVERSITÉ DE LYON — FACULTÉ DE DROIT

LES SOCIÉTÉS DE SECOURS MUTUELS

ET

L'ASSURANCE OBLIGATOIRE

CONTRE LA MALADIE

—◦◦◦—

THÈSE POUR LE DOCTORAT

SOUTENUE DEVANT LA

FACULTÉ DE DROIT DE L'UNIVERSITÉ DE LYON

Le mardi 31 octobre 1899, à deux heures

PAR

Pierre-Antoine GIVORD

DOCTEUR EN DROIT

LYON

—

IMPRIMERIE DU SALUT PUBLIC

71, RUE MOLIÈRE

—

1899

LES SOCIÉTÉS

DE

SECOURS MUTUELS

ET

L'ASSURANCE OBLIGATOIRE

CONTRE LA MALADIE

LES SOCIÉTÉS DE SECOURS MUTUELS

ET

L'ASSURANCE OBLIGATOIRE

CONTRE LA MALADIE

—————

THÈSE POUR LE DOCTORAT

SOUTENUE DEVANT LA

FACULTÉ DE DROIT DE L'UNIVERSITÉ DE LYON

Le mardi 31 octobre 1899, à deux heures

PAR

Pierre-Antoine GIVORD

DOCTEUR EN DROIT

LYON

—

IMPRIMERIE DU SALUT PUBLIC

71, RUE MOLIÈRE

—

1899

LES SOCIÉTÉS

DE

SECOURS MUTUELS

ET

L'ASSURANCE OBLIGATOIRE

CONTRE LA MALADIE

INTRODUCTION

À l'époque où nous sommes, les problèmes sociaux et notamment les questions ouvrières s'imposent plus que jamais à l'attention générale. Les imperfections du salariat, les risques de toutes sortes auxquels est exposé le travailleur, le chômage, la maladie, le décès prématuré ou la vieillesse sans ressources, préoccupent vivement l'opinion publique.

Désastreux pour l'ouvrier, ces risques, et les maux qu'ils entraînent, pèsent fatalement sur la société tout entière.

Au développement formidable de l'industrie manufacturière dont notre siècle a été le témoin, a nécessairement correspondu, non seulement l'augmentation des risques professionnels, mais aussi l'aggravation de tous les autres risques communs aux agglomérations humaines.

Le nombre des ouvriers s'est considérablement accru ; beaucoup qui travaillaient isolément ou en famille ont été réunis par milliers dans les manufactures et la maladie et la mortalité ont trouvé dans ce milieu plus dense, un champ plus propice.

Somme toute, il est indéniable que le développement de l'industrie au cours de ces trente dernières années a augmenté, dans la proportion même de ses progrès, les risques qui menacent le travailleur, tant au point de vue de leur gravité et de leur fréquence qu'au point de vue du nombre des individus qui y sont soumis.

Sous la poussée du besoin, à travers les difficultés de la lutte pour l'existence, ainsi devenue plus âpre et plus meurtrière, le mouvement mutualiste s'est accentué ; de nombreuses sociétés de prévoyance se sont fondées. Mais par des causes multiples, ce mouvement n'a pas été général et ne saurait le devenir. Il comprend à peine la dixième partie, l'élite, des ouvriers français. La grande masse reste à l'écart et cependant le danger est actuel, imminent pour tous. Il faut un remède immédiat et efficace aux risques les plus pressants.

La société est-elle tenue de pourvoir à ces risques ? La nécessité de sa propre conservation, abstraction faite de toute considération morale, lui en fait-elle un devoir ?

Si oui, dans quelle mesure et par quels moyens, l'État doit-il intervenir dans l'intérêt de sa propre sécurité ?

Le législateur allemand a le premier et sans hésitation, répondu par l'affirmative et donné la mesure qu'il jugeait nécessaire de l'intervention de l'État.

Un ensemble d'assurances obligatoires a été organisé et couvre aujourd'hui les classes ouvrières de l'Empire contre tous les risques importants qui pèsent sur elles, le chômage excepté.

En des pages éloquentes(1), qu'il est intéressant d'analyser pour le sujet que nous allons traiter, M. Bœdiker,
président de l'office impérial des assurances allemandes a
voulu justifier l'intervention de l'État dans le système
dont il a été l'organisateur et combattre les objections des
adversaires de cette intervention.

L'assurance ouvrière, dit-il, fonctionne tout entière,
depuis une dizaine d'années. Pas à pas, elle a gagné du
terrain, elle n'a rien abandonné de ce qu'elle avait conquis
et lentement les idées nouvelles qu'elle représente, s'imposent à l'étranger. Il ne s'agit, en effet, de rien moins que
d'un principe moral aussi fécond qu'ont pu l'être dans le
domaine des forces naturelles, la vapeur et l'électricité.

Comme elles, l'idée de l'assurance ouvrière fera la conquête du monde. Elle est l'un des éléments essentiels de la
civilisation moderne. Les masses ouvrières ont aujourd'hui
conscience de leur situation ; les patrons comprennent la
solidarité de leurs intérêts avec ceux de leurs ouvriers.

Ici faible encore, là plus ou moins développé, ce sentiment
prend toute sa force chez les hommes qui constituent l'élite
des deux classes. Ces deux parties de notre société sont
liées par des liens personnels et des liens matériels. La
lutte qui se poursuit entre elles est un lamentable gaspil-
lage de forces et de valeurs.

Sans doute, il y a de mauvais ouvriers, insatiables et
ingrats ; sans doute tous ne se déclarent pas satisfaits des
secours accordés en cas d'accidents, de maladie ou d'invalidité. Peu importe pour le moment. Il y a aussi des
patrons mécontents, des patrons qui oublient leurs devoirs.
Mais le mécontentement est l'un des agents du progrès
économique.

(1) Manuel de l'Assurance ouvrière de Bœdiker (1896) traduit par
E. Fuster.

Considérons de haut les rapports généraux entre le patron et l'ouvrier : c'est le droit d'une part, l'arbitraire de l'autre qu'il faut prendre pour mesure ; on verra alors se dégager une ligne médiane qui représente le bonheur de l'humanité et en dehors de laquelle sont rejetés les excès du droit et de l'arbitraire.

Le pessimisme est stérile ; les détails fâcheux, les fautes, les lacunes, l'ingratitude s'attachent aux organisations les meilleures, comme l'ombre est inséparable de la lumière.

L'histoire nous apprend que la prospérité des classes dirigeantes a toujours été en rapport direct avec la façon dont elles ont compris leurs devoirs envers les classes dépendantes. Or, ce n'est pas par la voie de charité, des patronages privés, de l'initiative individuelle que peut être aujourd'hui rempli ce devoir envers des millions d'ouvriers.

Certes, rien de cela ne doit disparaître ; mais les besoins sont trop grands, la situation de chaque travailleur est trop variable, celle du patron trop peu sûre pour qu'un succès complet puisse être atteint par le désir et l'activité des individus. C'est pourquoi, tout en nous tenant aussi éloigné que quiconque des utopies socialistes, nous jugeons que le système obligatoire des assurances peut seul faire disparaître les éléments du hasard, égaliser et répartir les charges sur des épaules assez robustes.

On dit que l'assurance ouvrière attente à la liberté, qu'elle constitue un acte de socialisme d'État. C'est possible. Mais tout cela ne prouve rien.

Pour secourir dix à vingt millions d'ouvriers de façon vraiment utile, il faut user de grands moyens. On ne fait rien avec rien ; ce n'est pas avec peu de chose qu'on aidera beaucoup de gens.

La protection des classes pauvres vient en première

ligne, après la sécurité de la Patrie, que du reste elle assure. Il faut la pousser aussi loin que les classes possédantes sont en mesure de le faire, sans toutefois les épuiser.

Plus les classes inférieures sont fortes et résistantes, plus est féconde la nation et élevé le degré de civilisation d'un peuple. Prenez pour fondement le bien-être général, ou tout au moins l'absence de misère, et l'édifice sera tout autre que celui dont la base est la pauvreté générale.

Là est l'intérêt de tous et en particulier de ceux qui possèdent, et le meilleur moyen de l'atteindre est la protection de ceux que menacent la maladie, l'accident, l'invalidité et la vieillesse.

Si l'on ne peut y réussir sans une intervention de l'Etat, et bien, qu'on accepte cette intervention ! C'est du socialisme d'Etat, dit-on ; mais pourquoi s'effrayer de ce fantôme plus que des autres fantômes ! Et si nous y perdons quelques parcelles de liberté, il s'agira seulement de cette liberté à laquelle les mœurs et le droit ont depuis longtemps fixé des limites.

Nous ne suivrons pas M. le Président Bœdiker dans les développements qu'il donne à ce plaidoyer *pro domo* et qu'il appuie de chiffres qui ne sont pas sans éloquence. Nous aurons plus loin à en dire quelques mots.

Mais les raisons du plus autorisé des interventionistes, pas plus que l'éloquence des chiffres ne sauraient amener notre école individualiste à accepter même partiellement l'intervention de l'Etat dans ces questions d'assurances ouvrières.

Cessez, nous dit-elle, d'invoquer à tout propos, la puissance de l'Etat pour venir en aide à la classe ouvrière ; elle saura bien se sauver elle-même et gardez-vous de lui inculquer l'idée d'un Etat-Providence.

L'imprévoyance est la cause principale de la misère des travailleurs. Multiplions les institutions de prévoyance mutuelle et persuadons l'ouvrier de s'y affilier ; là est le remède et pas ailleurs.

L'Etat n'a qu'un devoir essentiel : assurer l'ordre public et la sécurité générale.

Il ne peut intervenir dans l'ordre économique que là où l'individu est impuissant à satisfaire aux nécessités sociales.

L'obligation, si on l'introduit dans la mutualité, détruira ses bons effets.

L'assurance repose sur des sacrifices volontairement consentis ; si vous les imposez, vous leur enlevez leur caractère de haute moralité et les rendez insupportables et vexatoires.

Le bien-être des masses ne proviendra que de l'épanouissement complet de l'*initiative individuelle* s'exerçant par l'épargne et l'association.

Les risques multiples inhérents à la condition de l'ouvrier, écrasants s'il reste isolé, seront supportables pour les travailleurs réunis en société de secours mutuels.

Le plus modeste d'entre eux, celui dont le salaire est le plus réduit, peut y avoir recours, tant est léger le prélèvement nécessaire.

On ne saurait qu'applaudir à des raisonnements aussi justes. Mais c'est à des faits et non à des abstractions, que les institutions économiques doivent s'adapter.

« Avec tous vos grands principes, écrivait Catherine à Diderot, on ferait de beaux livres et de mauvaise besogne. Vous travaillez sur le papier qui souffre tout, tandis que moi je travaille sur la peau humaine qui est bien autrement irritable et chatouilleuse. »

11

N'est-ce pas une illusion de croire que nos sociétés de secours mutuels arrivent aux résultats qu'elles donnent, par la puissance de la seule mutualité ?

En France, on se paie trop facilement de mots. Le principe de non-intervention n'est pour les sociétés de secours mutuels qu'une façade dont on les décore, au même titre du reste, que les grands principes de 1789 servent depuis tantôt un siècle, à nos hommes politiques, de façade à leurs projets.

Cependant, qu'on ne se méprenne pas sur nos intentions ; nous ne voulons pas plus médire des sociétés de secours mutuels, que des grands principes. Mais qu'on jette un coup d'œil sur la statistique des sociétés de secours mutuels, dressée par les soins du ministre de l'Intérieur, et l'on ne verra chez aucune d'elles, les cotisations des mutualistes faire face à leurs dépenses. Chez toutes, les prestations des membres participants sont insuffisantes pour parer même aux seuls secours de maladie, et cette insuffisance entre les cotisations ouvrières et les dépenses exigées pour subvenir à ce risque, se retrouve à peu de chose près la même dans l'assurance obligatoire allemande. En Allemagne, on pourvoit à cette différence au moyen des cotisations des patrons. En France, il y est pourvu d'une part, au moyen des cotisations des membres honoraires, et pour une autre part, au moyen des subventions et autres avantages concédés par l'État.

On est donc obligé de reconnaître que pour être à la fois efficace par l'importance des secours distribués, et pratique au point de vue de l'étendue des sacrifices demandés, il faut

à la mutualité libre, deux étais indispensables, l'un déri-
vant de l'assistance privée, et l'autre de l'intervention de
l'État.

Si, renforcée de cette assistance et de cette intervention,
la mutualité organisée peut suffire à parer aux risques qui
menacent ses participants, elle est impuissante à préserver
de ces mêmes risques, la masse des travailleurs. Elle offre
ses bienfaits, quand il faut les imposer.

III

Au nombre des risques que peuvent couvrir les assurances
ouvrières et les sociétés de secours mutuels, les plus menaçants sont le risque accident et le risque maladie.

La loi du 9 avril 1898, complétée par les décrets du
28 février 1899, a pourvu au premier. Bien que le mot
obligation en ait été soigneusement exclu, cette loi impose
aux patrons l'assurance obligatoire, puisque déclarés res-
ponsables, l'assurance seule peut les sauver d'une ruine
certaine. Mal conçue et incomplète, elle omet toute une
catégorie de risques. Nos législateurs trop pressés ont
refusé de comprendre dans le risque accident, les maladies
contractées par le travailleur, du fait même de l'exercice
de sa profession.

Cette regrettable lacune crée pour les ouvriers de certaines industries une inégalité choquante et une situation
fâcheuse.

Une loi sur l'assurance-maladie s'impose donc, comme
complément nécessaire de la loi sur l'assurance-accident.
Elle est indispensable, elle est urgente.

La maladie, comme l'accident, abat littéralement l'ouvrier qu'elle frappe. Elle le réduit fatalement au chômage,

alors que, vivant au jour le jour, soit qu'il se trouve en raison de la modicité de son salaire ou de ses charges de famille, dans l'impossibilité de réaliser quelques économies, soit que par une imprévoyance coupable il dilapide, au fur et à mesure, ce qui dans son salaire excède ses besoins réels, la maladie le surprend sans ressources. La misère alors s'asseoit à son foyer.

Le nombre est relativement restreint des ouvriers participants aux sociétés de secours mutuels ; la grande masse des travailleurs, imprévoyante par nature, n'a pour tout recours en cas de maladie que la charité privée et l'assistance publique. Pour faire face à ce danger, l'Allemagne, l'Autriche, la Hongrie, la Suisse et, tout récemment, le Danemark, ont adopté l'ensemble des assurances ouvrières.

En France, l'opinion s'est jusqu'ici montrée hostile au système et ce n'est que bien timidement que notre législation l'a récemment appliqué à deux catégories de travailleurs, les marins du commerce et les ouvriers mineurs.

C'est aussi timidement que nous proposerons l'obligation de l'assurance-maladie à tous les petits salariés.

Ainsi se trouveraient couverts les risques les plus menaçants : la maladie et l'accident.

Peut-être est-il préférable d'attendre encore avant de se prononcer sur l'opportunité d'introduire chez nous les assurances ouvrières contre les autres risques.

Nous avons en effet la bonne fortune très rare de pouvoir en spectateurs attentifs bénéficier sans danger de la méthode d'expérimentation de nos voisins et de juger de la valeur de l'institution par l'expérience d'autrui. Bien que cette expérience semble encourageante, elle peut laisser subsister sur certains points quelques doutes que l'avenir éclaircira.

L'assurance-maladie au contraire n'a soulevé aucune controverse et, grâce à son caractère de décentralisation, n'a présenté à l'étranger aucune difficulté d'application.

En serait-il de même en France? Ne serait-ce pas une faute grave que de négliger dans une application de cette importance les forces imposantes que présente l'organisation de nos sociétés de secours mutuels?

Comment adapter à cette organisation l'assurance obligatoire contre la maladie? Ce sera la conclusion de ce travail, qui embrasse l'étude des sociétés de secours mutuels, celle de l'assurance-maladie à l'étranger et l'analyse succincte des tentatives et des applications faites en France dans le sens de la prévoyance légalement imposée à certaines catégories d'individus.

PREMIÈRE PARTIE

LES SOCIÉTÉS DE SECOURS MUTUELS

CHAPITRE PREMIER

Historique des Sociétés de Secours mutuels.

§ 1. Généralités.

Les sociétés de secours mutuels sont des associations de travailleurs destinées à protéger ceux qui en font partie contre la maladie et les différents risques auxquels elle les expose. Cet objectif s'est, aujourd'hui, considérablement accru et de nombreux avantages concédés par l'Etat, les encourage à servir des pensions de retraite à leurs membres âgés, à contracter des assurances en cas de vie, décès ou accidents au profit de leurs participants ; elles sont réglementées par une législation spéciale.

Dans ses *Harmonies Economiques* (1), Frédéric Bastiat a mis admirablement en relief les caractères principaux de cette institution. « Le but des sociétés de secours mutuels, « dit-il, est une répartition sur toutes les époques de la « vie, des salaires gagnés dans les bons jours. Dans toutes « les localités où elles existent, elles font un bien immense. « Les associés s'y sentent soutenus par le sentiment de la « sécurité, un des plus précieux et des plus consolants qui

(1) Frédéric Bastiat. *Harmonies Economiques*, p. 389.

« puisse accompagner l'homme dans son pèlerinage ici-
« bas. De plus, ils sentent tous leur dépendance réciproque,
« l'utilité dont ils sont les uns pour les autres. Ils com-
« prennent à quel point le bien et le mal de chaque indi-
« vidu et de chaque profession deviennent le bien et le mal
« commun ; ils se rallient autour de quelques cérémonies
« religieuses prévues par leurs statuts : enfin ils sont
« appelés à exercer les uns sur les autres cette surveillance
« vigilante, si propre à inspirer le respect de soi-même en
« même temps que le sentiment de la dignité humaine,
« le premier et difficile échelon de toute civilisation.....

« Grâce à cette surveillance, on voit disparaître peu à
« peu l'ivrognerie et la débauche, car, quel droit aurait
« aux secours de la caisse commune un homme à qui l'on
« pourrait prouver qu'il s'est volontairement attiré la
« maladie et le chômage par sa faute et par suite d'habi-
« tudes vicieuses ! »

Comme leur nom l'indique, les sociétés de secours
mutuels sont fondées sur l'idée de l'assistance réciproque.
L'épargne individuelle est trop souvent insuffisante ; l'association dans l'épargne produit au contraire ce résultat que
non seulement la maladie peut être combattue à temps,
mais que les principaux risques dont le travailleur est
menacé, peuvent être écartés ou tout au moins atténués.

La mutualité et son développement ne présentent pas seulement des avantages matériels, ils élèvent le niveau moral
du salarié, en faisant naître le sentiment de sa responsabilité ; il se sent l'instrument de sa sécurité et de celle de
sa famille. Commençant à pratiquer l'épargne pour verser
sa cotisation à la caisse commune, il prendra goût à l'épargne. Visité s'il est malade, par des membres de la société
qui lui apportent, en plus des secours auxquels il a droit,

des consolations et des marques de sympathie, il voudra faire à son tour preuve du même dévouement et l'émulation jouera son rôle ici comme ailleurs.

Au chapitre XXVI du volume qu'il a consacré aux associations ouvrières, M. Rougier étudie la mission de la mutualité dans les Etats modernes, il montre son influence sur la famille, son action moralisatrice sur les classes laborieuses, son rôle politique et social. Si, comme le dit M. Serullaz, les bons livres font les bonnes institutions, parce qu'ils suggèrent les bonnes lois, l'œuvre de M. Rougier est mieux qu'un bon livre, c'est une bonne action.

Les sociétés de secours mutuels sont très nombreuses en France, chaque corporation mettant son amour-propre à réunir ses membres dans une association particulière. Nous aurons à l'examiner en étudiant le fonctionnement de ces sociétés ; mais, avant d'entamer cette étude, nous jetterons un coup d'œil rapide sur les origines de cette institution qui déjà, sous le règne d'Edouard III, parait, quant à son but, avoir atteint en Angleterre un maximum de progrès, ainsi qu'en témoignent les trois articles des statuts des sociétés connues sous le nom de « Saint Catherin's Gild », à Conventry :

« Si l'un des membres souffre par incendie, inondation, « vol ou autres calamités, l'association lui prêtera de l'ar-« gent sans intérêts.

« S'il est malade ou infirme dans la vieillesse, il sera « soutènu relativement à sa condition.

« Aucun homme connu pour félonie, homicide, jeu, « ivrognerie, etc., ne peut être admis. Si un membre « tombe dans la mauvaise conduite, il sera expulsé.

« Ceux qui meurent pauvres et qui ne peuvent pour-« voir à leurs funérailles sont enterrés aux frais de l'asso-« ciation. »

§ II. ORIGINES.

Si après Petrone le poète Stace a pu dire de l'origine des dieux « *Primus in orbe deos fecit timor* », de même le premier et impérieux besoin de l'assistance d'autrui a dû faire naître chez l'homme l'idée de mutualité, bien avant l'époque où l'histoire de l'antiquité grecque a jeté les premières clartés sur les débuts de sa mise en pratique.

A Athènes.

Théophraste nous enseigne que certaines communautés grecques appelées *sunédries* ou *hétéries*, garantissaient à leurs membres, obligés au versement d'une cotisation mensuelle, une assistance réciproque dans certaines difficultés de la vie. Ces sociétés étaient indépendantes de l'autorité publique, et l'initiative des particuliers était complète.

Sous une organisation à peu près identique, ces associations revêtaient trois formes distinctes, les orgéons, les thiases et les éranes. Les deux premières semblent avoir été, à proprement parler, de véritables communautés religieuses, tandis que la troisième, sans être totalement affranchie de l'élément religieux, a bien vite pris le caractère d'une institution purement civile.

C'est dans cette institution des éranes grecs que la pratique de la mutualité s'est édifiée pour la première fois. Nous ne saurions mieux rappeler leurs débuts qu'en citant le passage qui y a trait dans l'ouvrage si bien documenté que M. Georges Serullaz a consacré aux sociétés de secours mutuels :

« A l'origine, l'érane (1), ainsi que le fait spirituellement « remarquer M. Caillemer, ne fut qu'une espèce de pique-

(1) Georges Serullaz. — *Les sociétés de secours mutuels*, p. 2 et suivantes.

« nique : on se réunissait à l'occasion d'une fête ou de
« toute autre circonstance solennelle, pour prendre un
« repas en commun et chacun apportait son écot en nature
« (ἔρανος).

« Ce genre de distraction était, paraît-il, fort goûté des
« anciens ; le plaisir de se trouver ensemble faisait oublier
« la simplicité du service et la frugalité du menu.

« Toutefois on s'aperçut vite des inconvénients de ces
« festins improvisés et on convint de remplacer la contri-
« bution en nature par une contribution en argent.

« C'était un progrès : au simple rendez-vous succédait
« la réunion à jour fixé d'avance entre personnes déter-
« minées. Aussi cette modification si simple en apparence,
« devait entraîner des conséquences considérables.

« Désormais il fallut s'entendre et aviser en commun
« aux apprêts du banquet projeté, nommer des commis-
« saires, choisir un trésorier... élire un président, enfin
« élaborer un règlement... Bientôt même on voulut avoir
« un local particulier pour tenir les assemblées générales,
« une chapelle pour y faire des sacrifices en l'honneur des
« dieux protecteurs de la société ; des rapports d'amitié
« s'établirent et, dans un milieu aussi bien préparé, l'idée
« mutuelle naquit spontanément, et pour ainsi dire à
« l'insu de tous.....

« En sommes les éranes se rapprochent beaucoup des
« collèges romains, des *cultores deorum*, qui, ainsi que l'a
« démontré M. Mommsen, ne sont pas malgré leur nom
« de simples confréries pieuses...

« Les éranes à l'imitation des thiases se sont toujours
« montrés très éclectiques dans le choix de leurs membres ;
« l'association ouvrait ses portes non seulement aux
« femmes et aux étrangers, mais encore aux affranchis et
« aux esclaves.

« Ce fait que les travaux de Wescher et de Foucart ont
« mis hors de doute, est significatif et jette un jour nou-
« veau sur cette institution ; l'admission des pauvres et
« des faibles montre suffisamment de quel esprit libéral
« elle était animée. Mais si ces associations se montraient
« peu soucieuses des distinctions artificielles de classes
« ou de castes, elles examinaient au contraire attentive-
« ment la moralité de l'individu qui sollicitait l'honneur
« d'être admis dans leur sein.....

« L'égalité la plus absolue régnait dans les éranes ; on
« n'y tenait compte, ni de la naissance, ni de la condi-
« tion, ni de l'origine, tous les sociétaires pouvaient
« aspirer aux magistratures et aux honneurs. »

M. Serullaz entre ensuite dans les détails de l'organisation et de la constitution des éranes. A la tête de la communauté se place un président à vie, élu par l'assemblée
générale (M. Caillemer (1) le compare aux présidents
honoraires de nos associations) puis un président effectif
désigné par le sort pour une année, chargé de représenter
légalement la société et d'exécuter les résolutions prises en
assemblée générale, un secrétaire, un trésorier, et un ou
plusieurs epimélètes, chargés des mêmes fonctions que les
commissaires de nos sociétés de secours mutuels. Sous le
rapport de l'organisation des membres dirigeants, nos
sociétés actuelles ont donc avec les éranes une grande
analogie.

Les statuts de ces antiques communautés s'appelaient
leur loi et l'étaient effectivement ; cette loi était immuable
et l'assemblée générale elle-même n'avait pas le droit de la
modifier. En cas de contestations, les tribunaux ordinaires
de la cité étaient chargés de l'interprétation de la loi des
éranes.

(1) E. Caillemer. — *Le Contrat de société à Athènes.*

Les difficultés entre les éranistes et leur communauté ont été nombreuses, si l'on en croit les inscriptions parvenues jusqu'à nous.

Les ressources de l'association provenaient en premier lieu d'une cotisation fixe payée par chaque membre (M. Caillemer pense que l'associé pouvait en payant une fois pour toutes une somme déterminée, se décharger de cette obligation), puis d'un droit d'entrée variable, de certaines redevances et amendes et du revenu des biens acquis avec les deniers communs ou provenant de donations.

La générosité des bienfaiteurs était inépuisable et chaque dignitaire cherchait à signaler son administration par les témoignages de sa munificence.

C'est une similitude de plus avec nos sociétés de mutualité qui ont si bien compris l'utilité et la nécessité de l'institution des membres honoraires.

La première et souvent la plus ruineuse dépense des communautés, était l'acquisition d'un terrain et la construction des bâtiments destinés à leur usage (1). Les frais du culte absorbaient également une grosse partie des ressources, bien que les éranistes ne soient pas tombés, à l'imitation des thiases et des orgéons dans les pratiques excessives d'une dévotion sans limites.

Enfin leur rôle philanthropique consistait à assurer aux associés, une sépulture religieuse et le secours et les soins nécessaires en cas de maladie. Leurs membres avaient le droit d'emprunter, dans des circonstances prévues, à la caisse commune et de solliciter un secours de chacun de leurs coassociés.

Antiphon cite au nombre de ces circonstances, les confiscations judiciaires frappant un éraniste ; Démosthènes,

(1) V. Foucart, p. 44.

le cas de la rançon d'un prisonnier et Cornelius Nepos, l'impossibilité pour l'éraniste pauvre de doter ses filles.

Cependant M. Caillemer est d'avis que, dans ces trois cas, l'éraniste ne pouvait pas obtenir l'assistance obligée de la communauté, mais seulement les secours volontaires des membres généreux.

M. Serullaz rapproche ensuite l'esprit des éranes grecs du principe de prévoyance et d'assistance de nos sociétés de secours mutuels et cite à l'appui de sa thèse la correspondance entre Pline et Trajan.

Conformément aux ordres de l'Empereur, le nouveau gouverneur de Bithynie avait rendu et fait exécuter avec rigueur un édit dissolvant toutes les hétéries de sa province.

Cependant la ville d'Amise, libre et alliée à Rome, possédait un érane et s'adressait à Pline afin d'obtenir qu'il fut fait exception en sa faveur à l'édit rendu contre les hétéries. Voici la réponse de Trajan à Pline qui demandait ses ordres :

« Si les habitants d'Amise, dont vous avez joint la « requête à votre lettre, peuvent, aux termes de leurs lois « autorisées par le traité d'alliance, s'imposer des contri- « butions, nous ne pouvons les empêcher de le faire et « moins encore, s'ils emploient les impôts qu'ils lèvent, « non à former des cabales et à tenir des assemblées illicites, « mais à soulager les pauvres. Dans toutes les autre villes « soumises à notre obéissance, il ne faut point le souffrir. »

A Rome.

Le prince ou l'Etat eut toujours la haute main sur toutes les communautés.

Plutarque (1) raconte que Numa distribua le peuple de

(1) Vie de Numa (ch. XVII).

Rome en corporations, suivant les divers métiers des citoyens ; ces corporations formaient des sodalitates et leurs membres se nommaient sodales. Jules César, Auguste, Néron tour à tour, les modifièrent (1). Les corporations garantissaient aux ouvriers incorporés, un salaire et des secours en cas d'accidents ou de maladie. L'État les subventionnait et elles héritaient de leurs membres morts sans tester. Vers la fin de l'Empire, la corporation était obligatoire et héréditaire, en sorte que l'ouvrier et ses descendants étaient liés à la même profession.

Mais c'est ailleurs qu'il convient de rechercher l'origine des sociétés de secours mutuels, les corporations de Rome étant en réalité de véritables institutions d'État, soumises à des réglements imposés par le pouvoir du moment, non seulement subventionnées, mais souvent nourries et entretenues par le prince.

Les collèges d'adorateurs des dieux (cultores deorum), paraissent être plutôt celles des associations romaines où se retrouve le mieux l'idée de libre mutualité. Leur origine et la cause efficiente de leur formation reposent, en effet, comme nos sociétés de secours mutuels, sur les nobles sentiments de fraternité, de solidarité et de prévoyance.

Malgré leur nom, ces collèges n'étaient pas des associations religieuses, mais le but pour la satisfaction duquel ils étaient fondés et la pensée à laquelle obéissaient leurs fondateurs étaient éminemment religieux. Au surplus, ce ne pouvaient pas être des préoccupations purement matérielles qui devaient, dans l'ancienne Rome, faire naître l'idée d'une institution de prévoyance.

(1) Ernest Renan. *(Histoire des origines du Christianisme. — Les apôtres.* Cl. XVIII).

Il faut, en effet, remarquer que, si chez les Romains l'idée absolument moderne de l'assurance par l'État faisait défaut, l'intervention des pouvoirs publics en faveur de la classe pauvre n'en était pas moins active. La Rome impériale subvenait aux besoins de sa plèbe et parait à tous les risques qui pouvaient l'atteindre.

La vie y était à bon marché : le peuple se nourrissait de peu. Bien plus, déjà du vivant de César le blé était distribué gratuitement à la plèbe et ces distributions devenues régulières sous Auguste ne faisaient qu'augmenter sous ses successeurs.

De leur côté les familles riches entretenaient une innombrable clientèle. Dans ces conditions, chacun vivait sans souci d'un lendemain assuré par le maitre. A quoi bon épargner quand l'État et le patron se chargent de votre subsistance, de votre entretien et de vos plaisirs.

L'idée de prévoyance qu'engendre seule la préoccupation de l'avenir aurait donc nécessairement fait défaut chez les prolétaires romains, si la religion n'était venue, par ses enseignements, faire éclore chez les plus humbles le germe fécond de la croyance aux récompenses et aux peines d'une existence future.

Les religions anciennes, presque toutes, à l'imitation de celles de l'Égypte, assuraient aux mânes des morts ensevelis suivant leurs rites le repos ou le bonheur éternel et condamnaient au contraire les mânes de ceux qui avaient été privés de cet honneur à errer perpétuellement à la recherche d'un repos auquel ils n'atteindraient jamais.

Aussi remarque-t-on chez les communautés grecques la préoccupation constante d'assurer à leurs membres une sépulture religieuse.

A Rome, où, comme en Grèce, la religion entrait dans toutes les pratiques de la vie, cette préoccupation de la sépulture se traduisit de bonne heure par la création de syndicats ayant pour but de garantir aux syndiqués un tombeau et des funérailles rituelles.

Ces syndicats funéraires, formés uniquement de pauvres gens, que dominait la crainte de ne pas laisser après eux les moyens de subvenir aux frais considérables d'une sépulture religieuse, se plaçaient à la fois sous le patronage céleste de l'un de leurs innombrables dieux et sous celui plus effectif d'un citoyen puissant, sans préjudice de l'assistance du plus grand nombre possible de riches protecteurs.

Plus tard, ces syndicats devinrent, sous le nom de collèges, de véritables associations ayant leurs règlements, un lieu de réunion et des assemblées délibérant sur les intérêts communs. Chaque collège prit le nom de son protecteur divin, de là leur appelation de « *cultores deorum* » adorateurs des dieux. De nombreux personnages riches s'affilièrent à ces collèges, payant le droit d'entrée et les cotisations, sans intention de profiter de la somme destinée par la communauté aux funérailles de ceux qui avaient participé aux dépenses communes. Ces membres honoraires viennent compléter la ressemblance de l'organisation de nos sociétés de secours mutuels avec celle des anciens collèges d'adorateurs des dieux.

Ces derniers, toutefois, bien que se présentant à nous sous le même aspect que nos institutions modernes, ne paraissent pas avoir essayé de soulager les mêmes infortunes, car nous ne trouvons pas trace dans leurs règlements de secours accordés aux sociétaires malades ni aux vieillards indigents.

Leur rôle était au point de vue matériel moins utilitaire, mais en apportant aux classes infimes de la société romaine (beaucoup de leurs adhérents étaient esclaves) un puissant secours moral, les collèges d'adorateurs des dieux avaient un horizon plus étendu. Le fait de garantir à la dépouille mortelle des adorateurs associés, des honneurs conformes à l'exigence des dieux, les pénétrait de la croyance au repos éternel de leurs mânes et cette pensée consolante était pour ces pauvres gens un suprême bienfait.

Les collèges militaires.

Nous venons de voir que les collèges romains n'avaient pas pour but de couvrir d'autres risques que celui de la privation de funérailles religieuses; il ne serait cependant pas exact de conclure de là que leurs membres ne s'assistaient pas autrement. Le doux nom de frère et de sœur qu'ils se donnaient entre eux, montre une touchante intimité, d'où devait découler naturellement le besoin de s'entr'aider dans toutes les difficultés de la vie, et nous sommes portés à croire que sans en avoir l'obligation statutaire l'association donnait volontiers son appui à ses membres malheureux. Nous en avons pour preuve la constatation de fréquentes distributions, dans les collèges, de vivres et d'argent.

L'institution des collèges, bien qu'interdite, devint cependant générale dans les camps où, sous le nom de scholæ ils subirent rapidement d'importantes transformations. Et chose remarquable, c'est en pénétrant dans les camps que l'institution romaine se rapproche le plus de nos sociétés modernes ; semblable déjà par l'organisation elle y devint identique par la nature des risques à couvrir.

La schola, en effet, n'avait pas à assurer à des soldats des funérailles religieuses, auxquelles la caisse de la légion subvenait dans les conditions requises, mais d'autres risques ne trouvaient pas d'atténuation suffisante dans l'organisation des armées et sollicitaient la prévoyance de ceux qui s'y trouvaient exposés.

L'association avait donc pour but de venir en aide aux blessés, aux malades et aux victimes d'accidents de toute nature. Il existait également dans la plupart des légions romaines une institution appelée *arca* plus spécialement destinée à la constitution des retraites, dont la caisse était alimentée par des droits d'entrée très élevés du moins pour les *arca* d'officiers. Seuls les membres d'une schola pouvaient faire partie de l'*arca*.

Comme on le voit, nous trouvons bien cette fois l'image fidèle de nos sociétés mutuelles.

Les collèges chrétiens, à Rome, nous offrent également une ressemblance assez complète avec nos institutions de prévoyance mutuelle.

Les chrétiens persécutés adoptèrent pour se réunir la forme légale des associations funéraires que nous avons décrites, mais la communauté chrétienne avait pour but principal le soulagement de ses malades et l'entretien de ses pauvres, ses ressources étaient de même nature que celles des collèges d'adorateurs des dieux.

LA GHILDE

Les pays scandinaves donnèrent naissance à la *Ghilde germanique*. C'est l'un des précédents les plus curieux de nos sociétés de secours mutuels. C'est une véritable association d'assistance réciproque ; elle a des statuts pour la régir. Ses membres paient une cotisation périodique et nomment seuls leurs chefs. Elle a son origine dans un banquet à frais communs où les convives juraient de se secourir entre eux. « Cette promesse de secours et d'appui « comprenait tous les périls, tous les grands accidents de

« la vie. Il y avait assurance mutuelle contre les voies de
« fait et les injures, contre l'incendie et les naufrages et
« aussi contre les poursuites légales encourues pour des
« crimes ou délits même avérés. C'était une sorte de
« communion païenne qui entretenait, par de grossiers
« symboles et par la foi du serment, des liens de charité
« réciproque entre les associés. » (1).

La *Ghilde*, plus tard, devient chrétienne et se montre
chez les Anglo-Saxons; on la trouve en Danemark, en
Norwège et en Suède à l'extinction du paganisme.

En France, la Ghilde se développa surtout dans les pro-
vinces du Nord, où les mœurs germaniques avaient laissé
leur empreinte, mais elle avait dû s'assouplir. Elle avait été
l'objet de certaines prohibitions de la part de l'autorité qui
redoutait l'esprit d'association, et sous Charlemagne un
capitulaire de 779 avait interdit de se conjurer en vue de
former une Ghilde. Les Ghildes ne disparaissent pas pour
cela, car on les voit florissantes dans toute la France du
Nord jusqu'au XVIᵉ siècle.

À ces époques troublées, les risques courus par l'individu étaient autrement graves et multiples que ceux qui
le menacent de nos jours. À toute heure, son honneur, sa
liberté et sa vie étaient en danger, aussi sentait-il le besoin
de l'assistance constante d'une force défensive, qu'il ne
pouvait rencontrer, s'il était faible et isolé, que dans la
Ghilde. L'imminence et l'intensité du péril rendaient plus
impérieux le besoin de solidarité.

Aussi la Ghilde a-t-elle différé profondément de nos
sociétés de secours mutuels, non par son principe d'assistance mutuelle, mais par la puissance et l'étendue de son
but et de son action.

Il convient aussi de remarquer que si la Ghilde était sévère

(1) Augustin Thyerry. *Considérations sur l'Histoire de France*, Ch. V.

au point de vue de la moralité, quand il s'agissait de l'admission de ses membres, son esprit de solidarité était tel qu'elle embrassait la cause d'un des siens, qu'elle fût bonne ou mauvaise.

Corporations. — Compagnonnage et Confréries.

Corporations.

On a vu asservis à leur profession jusque dans leur descendance les membres des corporations romaines. Ce sort peu enviable des corporations fut le même en Gaule après la conquête romaine. Disparues dans le naufrage des institutions impériales, elles laissèrent les artisans isolés et impuissants et l'invasion des Barbares acheva leur misère en leur enlevant tous moyens de travail et d'existence. Ils furent contraints pour vivre de s'attacher à la personne et à la fortune des vainqueurs. On retrouve à Lyon, les associations d'artisans en partie reconstituées sous la protection mais aussi sous la dure domination des archevêques. A cette domination s'ajoutait celle du Chapitre et les corps de métiers finirent par la trouver intolérable.

Nous avons, à ce propos, relevé dans l'ouvrage si intéressant que notre professeur M. Rougier a consacré aux associations ouvrières la page qui suit :

« Nombre de villes de France avaient obtenu des conces-
« sions de droit et des franchises : Lyon, moins heureux,
« se débattait sous une double juridiction ecclésiastique.
« Vingt cités s'étaient délivrées du joug d'un maitre et
« Lyon en avait deux : le Chapitre et l'archevêque. Une
« lutte devenait imminente, elle éclata en 1195 sous l'ad-
« ministration archiépiscopale de Renaud, fils de Gui II,
« comte de Forez. Ce prélat avait imaginé de frapper d'un

« impôt tous les comestibles qui se vendaient en marché.
« Les corporations se récrièrent et offrirent de payer
« vingt mille sols, monnaie de Lyon, pour obtenir la sup-
« pression de la taxe nouvelle. Cette transaction fut
« acceptée par l'archevêque et le Chapitre, mais mal
« observée par leurs officiers. Les corps de métiers se levè-
« rent en masse, se divisèrent en compagnie sous des dra-
« peaux ou pennons de différentes couleurs et confièrent
« la direction du mouvement à 50 bourgeois. L'archevêque
« fit des concessions ; un traité signé en 1208 accorda de
« nombreuses garanties aux habitants de Lyon.

« Cet événement est remarquable. C'est le premier acte
« par lequel les corporations se révèlent et apparaissent
« tout organisées. Il eut surtout pour effet de leur faire
« connaître leur propre force et quelle irrésistible puis-
« sance l'association pouvait leur offrir. Dès ce moment,
« elle ne cessèrent de poursuivre leur entier affranchisse-
« ment du joug féodal. La lutte continua et dura plus
« d'un siècle. Nous n'en raconterons pas les péripéties. En
« 1270, les corps de métiers, leurs pennons en tête, s'élan-
« çaient à l'assaut du cloître de Saint-Just, résolus à mettre
« fin à la domination temporelle. L'intervention du roi
« Philippe-le-Hardi suspendit les hostilités, mais elles
« recommencèrent sous Philippe-le-Bel qui prit parti
« pour les Bourgeois lyonnais, obtint du Pape Clément V
« une bulle affirmative des droits de la Couronne sur la
« ville de Lyon et après deux édits connus sous le nom de
« *Philippines* incorpora notre cité au royaume de France
« en 1312. Cette annexion fut suivie d'un dernier traité
« entre lui et l'archevêque, qui, en 1320, consacra l'établis-
« sement du Gouvernement municipal et la formation de
« la Commune lyonnaise. »

(1) *Les Associations ouvrières*, par Paul Rougier. — Paris 1864.

Mais bientôt la peste de 1338, puis les discordes civiles mirent à une rude épreuve les corporations d'artisans. La détresse de ces temps surexcita l'esprit d'association et parmi d'autres confréries on vit naitre celle des *Frères adoptifs*, provoquant alors un vif enthousiasme. Pour mieux s'entr'aider les membres de la confrérie mettaient en commun tous leurs biens. On juge ce que dura l'application de semblable utopie. Les Juifs eux-mêmes s'organisèrent en communauté qu'ils désignèrent sous le nom bizarre de sociétés de Chapons (societates caponum) (1).

Nous ne suivrons pas les corporations jusqu'à la Révolution française qui les a condamnées. Si même nous avons cru devoir les citer à propos des origines des sociétés de secours mutuels, ce n'est pas qu'elles présentent d'autre ressemblance avec ces associations que l'application du principe de solidarité, mais le but de cette application n'est pas le même. Les secours accordés par les corporations à leurs membres pauvres, infirmes ou âgés, présentent, quand ces secours sont donnés, le caractère d'une aumône. Leurs membres malheureux n'avaient aucun droit à l'assistance des autres membres, si ce n'est celui d'aller mendier de boutique en boutique sous le nom de *bons pauvres*. Tout était sacrifié dans chaque corporation à l'intérêt du métier et à la défense de ses prérogatives. L'accès en était jalousement interdit à tout étranger. Obéissant à ces tendances funestes, les corporations étaient en lutte perpétuelle les unes avec les autres et le procès fameux des fripiers contre les tailleurs commencé en 1530 durait encore en 1776.

Cet esprit exclusif fut le point faible de nos corporations auxquelles il faut cependant reconnaitre un rôle efficace dans les progrès de la civilisation.

(1) Montfalcon (p. 482).

Confréries.

La religion devait encore comme dans l'ancienne Rome ranimer l'esprit de mutualité. On le voit renaître dans les confréries des XIIIe et XIVe siècles. Elles englobaient souvent plusieurs corporations réunies sous la protection du même saint et chez elles disparaissaient les distinctions entre les maitres, les apprentis et les compagnons. Elles admettaient volontiers aussi des personnes étrangères aux corps de métiers. Les confréries tenaient à la fois des collèges romains d'adorateurs des dieux et des vieilles ghildes des pays du Nord. Religion et assistance réciproque, telles ont été les idées mères des confréries, florissantes surtout dans les pays latins. On retrouve dans leurs règlements une caisse sociale alimentée par des cotisations périodiques, un droit d'entrée, des amendes et le produit des dons et legs et d'autre part les secours en cas de maladie, les frais de funérailles des confrères décédés et les avances en argent aux membres malheureux.

On peut donc faire remonter aux confréries l'origine des sociétés de secours mutuels, si bien que l'on a vu la confrérie bordelaise de Saint-Jacques, fondée au XVe siècle se transformer en 1830 en société de secours mutuels.

Compagnonnage et Franc-Maçonnerie.

Si les corporations n'ont pas été étrangères à la fondation des confréries, c'est de leur sein même qu'est sorti le compagnonnage, différent de ces dernières en ce qu'étant à la fois une association de secours mutuels et de défense mutuelle, on le voit animé d'un esprit encore plus étroit d'exclusivisme.

Pour expliquer l'origine du compagnonnage, il est

nécessaire de donner un aperçu de l'organisation des corporations. Elles se composaient des maîtres, des compagnons ou ouvriers et des apprentis. Les compagnons comme les apprentis étaient soumis à la surveillance du patron. Le contrat qui liait le compagnon et le maître ne pouvait prendre fin qu'après un préavis de 15 jours.

« Pour arriver à la maîtrise, il fallait : 1° appartenir à la « religion catholique, n'avoir encouru aucune condamna-« tion et justifier de sa bonne conduite ; 2° Présenter avec « les brevets d'apprentissage et de compagnonnage les « quittances des maîtres ; 3° prouver son aptitude à « exercer le métier, suivant les épreuves imposées par les « statuts, c'est-à-dire en se soumettant à l'exéction d'un « chef-d'œuvre ou à l'examen des maîtres gardes ; 4° payer « un droit de réception qui variait de 100 à 300 livres ; 5° se « soumettre enfin aux obligations du métier et prêter « serment de les remplir consciencieusement.

« Les conditions du chef d'œuvre étaient minutieuse-« ment prévues et réglées et son exécution parfois très « onéreuse. Il semble même que le prix élevé de cette « épreuve n'eût parfois d'autre raison d'être que d'éloigner « les concurrents qui ne pouvaient en faire les frais et de « laisser les maîtres de métier jouir en nombre restreint de « leur monopole. » (1).

Désespérant d'arriver à la maîtrise ou même d'être employés dans les corps de métiers. dont le nombre d'ouvriers était limité, les compagnons étaient souvent contraints d'aller de ville en ville offrir leur travail.

Les dangers et les difficultés qu'ils rencontraient dans « leur tour de France » leur firent sentir le besoin d'aide et de protection. De ce besoin naquirent les sociétés de compagnonnage dont plusieurs existent encore.

(1) Paul Rougier. *Les Associations ouvrières* p. 73.

Toutefois, si l'on s'en rapporte aux légendes qui ont cours, chez les compagnons et les initiés, les institutions du compagnonnage et de la franc-maçonnerie, seraient dues toutes deux aux constructeurs du temple de Salomon.

Cette origine commune est en somme admissible et il n'est pas interdit (nil novi sub sole), d'en faire remonter la source aux temps les plus reculés de la vieille Égypte, d'où les Juifs avec Moïse, en auraient rapporté la tradition, ou plus simplement aux ouvriers égyptiens appelés par Salomon. Il semble difficile de contrôler de semblables assertions.

Quoiqu'il en soit, la Franc-Maçonnerie n'apparaît en Allemagne et en France qu'aux xiie et xiiie siècle. M. Rougier n'hésite même pas à fixer la date de sa naissance vers la fin des Croisades et en attribue la paternité aux ouvriers allemands qui bâtirent les cathédrales de Strasbourg et de Cologne. En effet, la plupart des beaux monuments de cette époque, l'église Saint-Jean de Lyon entre autres, sont l'œuvre des compagnies franches qui formèrent une vaste confrérie d'ouvriers-bâtisseurs, s'efforçant de cacher au vulgaire les règles de leur art. Ils prenaient le nom de maçons francs ou de francs-maçons; ils se divisaient en maîtres et ouvriers, se reconnaissaient à certains signes cabalistiques et juraient de garder fidèlement le secret professionnel. Leurs réunions s'appelaient des *loges* du nom de l'habitation que les architectes se faisaient élever à proximité des édifices en construction.

Comme toutes les confréries professionnelles, la Franc-Maçonnerie était pénétrée de l'esprit religieux et maints prélats se firent initier à cet ordre fameux qui élevait de si magnifiques monuments pour la plus grande gloire de Dieu et de l'Église.

Dans ses commencements, la Franc-Maçonnerie était

animée du véritable esprit mutualiste et le grand principe de la solidarité humaine était l'essence même de son dogme.

La compagnie des maçons perdit sa principale raison d'être au moment où l'architecture et les arts qu'elle met en jeu, n'ayant plus de secrets pour les profanes, cessèrent d'être son domaine exclusif. Elle ne disparut pas cependant, mais se transforma.

Elle cessa de se recruter parmi les artisans, et l'ouvrier-bâtisseur n'étant plus représenté, ses attributs, le tablier, le compas, l'équerre, le niveau et le maillet perdaient leur signification originelle pour former un vocabulaire de nouveaux symboles et devenir les emblèmes des cérémonies d'un nouveau rite.

Ses membres dirigeants devenus riches et puissants en avaient peu à peu changé le but et les tendances, en lui conservant certaines apparences de philanthropie. Surtout, ils se gardèrent bien de lui enlever son caractère occulte qui en faisait un instrument d'influence et de domination au profit de ses chefs.

Donc, depuis fort longtemps déjà, la Franc-Maçonnerie n'est plus cette association d'ouvriers et d'artistes réunis par la communauté du travail, l'intérêt du même art et l'unité de la foi religieuse. « Accessible aux hommes de « toutes professions, de toutes nationalités et de toutes « croyances, elle maintient ses formes symboliques et « mystérieuses et ses efforts tendent à dérober aux pro-« fanes non plus les secrets d'un art, mais ses projets, ses « actes et ses statuts » (1).

Dans ces conditions, cette association a cessé d'exercer une influence directe sur les œuvres ouvrières de mutualité et de prévoyance, et s'il entrait dans notre plan d'indi-

(1) P. Rougier. Associations ouvrières. p. 130.

quer ses origines et les causes de sa transformation, il est
sans intérêt pour notre sujet, de la suivre plus avant.

Au contraire de la Franc-Maçonnerie, le compagnonnage, son frère, on peut dire son frère pauvre, né des
mêmes causes. est resté, lui, fidèle à l'idée première ; il est
encore aujourd'hui comme au premier jour, une association
tion vraiment ouvrière.

Recruté tout d'abord parmi les tailleurs de pierres, que
leur vie nomade fit appeler *compagnons étrangers*, il eut
bientôt pour adeptes les menuisiers et les serruriers qui
prirent le nom de *Compagnons de la Liberté*, vivant d'accord avec leurs aînés, sous le commun patronage du roi
Salomon.

Mais pour des motifs ignorés, une scission se produisit
vers la fin du xiiie siècle. Les dissidents se mirent sous la
protection de Jacques Molay, grand-maître des Templiers,
et formèrent deux branches nouvelles , les *Compagnons
passants*, tailleurs de pierres, en opposition aux compagnons étrangers de cette profession, et les *Compagnons
menuisiers du devoir* en opposition aux *Compagnons de la
liberté*.

Les deux anciennes branches des *étrangers* et de la *liberté*,
fidèles à Salomon, se dénommèrent les *Loups*. Les compagnons *passants et du devoir*, dits les *Gavots* furent les
enfants de Maître Jacques, du nom de leur nouveau patron.

Une troisième catégorie composée des charpentiers se
forma sous le nom et la direction d'un moine bénédictin ;
ils s'appelèrent les *Enfants du père Soubise* (1).

Si les corporations furent l'œuvre de mutualité des artisans et des marchands, contre l'arbitraire du seigneur et la
la rivalité de concurrents possibles, le compagnonnage fut

(1) Agricol Perdiguier. Livre du Compagnonnage. t. 1.

l'organisation de la défense mutuelle des ouvriers contre l'arbitraire des patrons, les risques de chômage, et les dangers du tour de France. En entreprenant ce long voyage, les compagnons avaient le triple but de se procurer du travail, de se perfectionner dans leur art et d'arriver à la maîtrise de leur corps de métiers. Une protection efficace et occulte les suivait dans ses déplacements.

« Lorsqu'un compagnon arrivait dans une ville, il n'avait
« qu'à se faire reconnaître pour avoir du travail et si, par
« hasard, toutes les places étaient occupées, le plus ancien
« lui cédait la sienne. Si un compagnon se trouvait
« dépourvu d'argent pour se transporter dans une autre
« ville, l'association venait à son secours, s'il tombait
« malade, ses camarades le soignaient comme un frère ; si
« l'un d'entre eux était lésé dans ses droits, tous prenaient
« sa défense ; si quelqu'un s'écartait des voies de l'honneur
« et de la probité, ils en faisaient justice (1). »

Ainsi, grâce à l'application du grand principe de mutualité, le jeune compagnon ne se voyait plus exposé à rester sans ressources et sans travail ; partout il retrouvait dans la demeure de la *mère*, où logeaient d'ordinaire les associés de passage, un foyer familial et des amis dévoués.

L'intérêt général profitait de l'institution dans la mesure des progrès que l'instruction de ses membres apportait à l'industrie, mais il eût aussi à en souffrir.

C'est en effet des premiers temps du compagnonnage que datent ce que nous appelons aujourd'hui les mises à l'index et les grèves ouvrières qui sont devenues le fléau de l'industrie et des classes laborieuses et ne peuvent

_____

(1) Chaptal. — *De l'industrie française*, tome 1er, p. 312.

tarder, si l'on n'y prend garde, à devenir intolérables (1).

« Lorsqu'un compagnon avait à se plaindre d'un maître
« et que la plainte était admise par le corps, on damnait
« la boutique du maître et, dès ce moment, il n'était
« permis à aucun d'eux d'y travailler ; le maître était
« forcé de faire des réparations, qui lui étaient dictées
« pour pouvoir continuer ses travaux. Lorsqu'ils croyaient
« avoir à se plaindre des magistrats d'une ville, ils dam-
« naient la ville et tous les compagnons en sortaient à la
« fois ; les ateliers devenaient déserts, tous les travaux
« étaient suspendus, les nouveaux compagnons passaient
« sans s'arrêter et les maîtres étaient forcés de se trans-
« porter dans les villes voisines pour y négocier le retour
« des compagnons et lever l'interdit (2). »

C'est merveille de voir combien cette vieille description
s'applique exactement aux compagnons de l'heure présente.
Il y manque cependant l'indication de ce qui fait tout le
danger des revendications ouvrières contemporaines,
nous voulons parler de l'action néfaste qu'exercent sur les
travailleurs ces politiciens dignes de mépris qui vont
fomentant et entretenant les grèves et la haine du prolé-
taire contre celui qui l'emploie.

A ces abus du compagnonnage se joignirent des dissen-
tions intestines qui ne tardèrent pas à se transformer en
guerre implacable et terrible ; d'un côté combattent les

---

(1) Ce qu'il faut blâmer dans les grèves, c'est non l'exercice du
droit naturel des ouvriers de s'entendre entre eux pour faire aboutir
certaines revendications qu'ils croient justes et fondées, mais les
abus commis à propos de l'exercice de ce droit, surtout par des
individus étrangers à la classe ouvrière. La loi de 1884 sur les syndicats professionnels et celle de 1892, organisant l'arbitrage entre
employeurs et employés, ont bien eu pour but de régler le droit
d'association des ouvriers et d'atténuer les conflits ; mais ont-elles
fait faire un pas à la pacification sociale? Un avenir prochain le dira.
(2) Chaptal. — *De l'industrie française.*

enfants de Salomon fiers d'être restés fidèles au vieux drapeau, et de l'autre se dressent les enfants du maître Jacques et ceux du père Soubise.

« Les jeunes compagnons entrant dans la carrière héritent de l'animosité des anciens qui la finissent et continuent la guerre sans savoir bien précisément pourquoi. (1) »

Les discordes, les plaintes des maîtres et le danger d'une coalition menaçant d'englober la France entière, amenèrent l'intervention des pouvoirs publics. Trois ordonnances royales de 1541, 1544 et 1571 vinrent atteindre le compagnonnage.

Il fut défendu aux ouvriers de se réunir hors des *poêles* de leurs maîtres, de se lier par serment, de choisir des chefs et d'avoir une bourse commune sous les peines les plus graves (2). Un règlement de 1723 et un arrêt du Parlement de 1778 renouvelèrent ces vaines prohibitions.

L'Eglise de son côté multipliait en vain ses censures. Le compagnonnage résista à toutes les persécutions, il résista même à la Révolution où sombrèrent tant d'institutions et et nous le retrouvons encore aujourd'hui toujours remarquable, fraternel, affectueux, efficace et profondément assagi.

En résumé, nous considérons le compagnonnage comme ayant été de tout temps et étant encore une véritable institution de secours mutuels, présentant tour à tour les défauts et le caractère des époques qu'elle a traversées.

Enfin, au xviiie siècle, l'idée de mutualité, entrée depuis longtemps dans la pratique des faits, pénètre dans la spéculation de l'esprit. M. de Chamousset, dont l'abbé

(1) Agricol Perdiguier.— *Le Compagnonnage*, tome 1er (p. 262).
(2) P. Rougier (ibid., p. 111),

Cotton des Houssayes réunit et publia les œuvres (1), applique le calcul des probabilités au profit d'une association, dont les participants, au moyen de cotisations modiques recevaient tous les secours possibles en cas de maladie. Sa *maison d'association*, tel est le titre qu'il donnait à son projet, est un fait capital dans l'histoire de la mutualité. Cette maison était alimentée par les cotisations périodiques des associés qu'elle devait recueillir en cas de maladie. La cotisation était variable suivant l'âge des souscripteurs et assez faible pour permettre de recruter *ce grand nombre de citoyens qui ne sont pas assez riches pour se procurer des secours suffisants ni assez indigents pour se faire transporter dans des maisons de charité.*

Son projet reposait sur cette supposition qu'il n'y a pas plus de douze malades par an sur cent individus pris au hasard et que la durée moyenne de la maladie ne dépasse pas un mois. Ses bonnes intentions restèrent sans résultats pratiques.

Mais M. de Chamousset avait compris que les institutions de la mutualité devaient reposer sur des constatations fournies par l'expérience et scientifiquement mises en œuvre.

« Dès le lendemain de la promulgation de la loi des « 2-17 mars 1791 supprimant les maîtrises et les jurandes « et proclamant la liberté du travail et de l'industrie, de « nombreuses réunions de patrons et d'ouvriers s'orga- « nisent à Paris et dans les grands centres, réunions dans « lesquelles les patrons ou les ouvriers de la même pro- « fession se proposaient de discuter leurs intérêts com- « muns. La commune de Paris estimant avec raison que « l'abrogation des corporations, institutions fermées

(1) *Paris*, 1783, deux volumes.

« investies d'un monopole, n'impliquait nullement la pro-
« hibition de ces groupements corporatifs volontaires,
« auxquels patrons et ouvriers restaient libres de ne pas
« adhérer, autorisa ces réunions. Mais l'Assemblée Cons-
« tituante, craignant que ces associations professionnelles
« libres ne fussent un acheminement au rétablissement
« des corporations, imbue d'autre part des idées indivi-
« dualistes de Turgot et d'Adam Smith (qui n'étaient pas
« éloignés de voir dans toute réunion de gens du même
« métier une conspiration contre le public), vota sur le
« rapport de Chapelier la loi prohibitive des 14-17 juin 1791,
« dont le passage suivant du rapport fait nettement res-
« sortir la pensée inspiratrice : « Il doit sans doute être
« permis à tous les citoyens de s'assembler ; mais il ne
« doit pas être permis aux citoyens de *certaines professions*
« de s'assembler pour leurs *prétendus intérêts communs.* Il
« n'y a plus de corporations dans l'État ; il n'y a plus que
« l'intérêt *particulier* de chaque individu et l'*intérêt général.*
« Il n'est permis à personne d'inspirer aux citoyens un
« intérêt intermédiaire, de les séparer de la chose publi-
« que par un esprit de corporation (1) .»

Les décrets des 28 juin 1793 et 16 mai 1794 sont le code
complet de l'État-Providence, chargé à l'instar des Empe-
reurs dans Rome de pourvoir aux besoins du peuple. Le
droit au secours est érigé en principe.

Les hommes de la Convention et de la Constituante ne
comprirent donc rien au rôle bienfaisant de la mutualité
et tous leurs efforts philanthropiques échouèrent miséra-
blement.

Comment s'en étonner ? En 1791, aux ouvriers de Paris
demandant à l'Assemblée nationale la permission de s'as-

(1) Paul Pic. Traité élémentaire de législation industrielle. 1894.
p. 76-77.

sembler pour organiser des secours en cas de maladie, le même député Chapelier répondait solennellement : « C'est « l'affaire de la nation et de ses préposés de fournir du « travail aux valides, des secours aux infirmes, l'éducation « aux enfants. Il n'y a que l'intérêt de l'Individu et l'intérêt « général. Les caisses de secours ne représentent que des « intérêts intermédiaires séparés de la chose publique. »

Cependant la liberté du travail était proclamée, mais les ouvriers affranchis des entraves du système corporatif se trouvaient en même temps privés des services que la corporation leur donnait en cas de maladie et dans l'impossibilité de se réunir pour s'entr'aider.

La suppression nécessaire des corporations portait ainsi atteinte à la mutualité et entravait son développement, mais dans les grandes villes d'assez nombreuses manifestations vinrent bientôt en réveiller l'idée.

De 1794 à 1806, treize sociétés de secours mutuels nouvelles furent fondées à Paris et en 1822 il y en avait 132 comprenant 10.350 ouvriers. Lyon. Grenoble, Bordeaux et d'autres villes avaient vu des sociétés se fonder et leur nombre progressait chaque année.

La Révolution de 1848 donna une forte impulsion à la mutualité. Plus tard une commission supérieure des sociétés de secours mutuels fut organisée : elle fit une enquête dont les résultats montrent qu'au 31 décembre 1852 il y avait en France 2.438 sociétés dont l'existence était constatée officiellement.

Mais déjà le régime légal des sociétés de secours mutuels était établi depuis l'année 1850.

CHAPITRE II

Régime légal des sociétés de secours mutuels.

§ 1. LÉGISLATION ANTÉRIEURE A LA LOI DE 1850.

Nous avons vu les corporations qui étaient à la fois des instruments de monopole et de véritables sociétés d'assistance supprimées et l'État tout puissant en face de l'individu isolé et sans défense. Toutes les tentatives faites par les travailleurs pour se rapprocher et s'unir, même, dans un but charitable étaient considérées comme facticeuses ; tel est l'esprit du décret du 17 juin 1791, de la constitution des 3-14 septembre de la même année et de celle du 24 juin 1794. L'Empire au début a les mêmes défiances ; en 1808, cependant, il montre plus de tolérance et dès cette époque les sociétés de secours mutuels ne sont plus inquiétées.

En 1810, toutefois, le Code Pénal semble soumettre les sociétés de secours mutuels, comme les autres associations, aux dispositions des articles 291 et suivants. L'article 291 décide que « *nulle association de plus de vingt personnes dont* « *le but sera de se réunir tous les jours ou à certains jours* « *marqués, pour s'occuper d'objets religieux, littéraires, poli-* « *tiques ou autres ne pourra se former qu'avec l'agrément du* « *gouvernement et sous les conditions qu'il plaira à l'autorité* « *publique d'imposer à la société. Toute association qui se sera* « *formée sans autorisation ou qui après l'avoir obtenue aura* « *enfreint les conditions à elle imposées sera dissoute* ». C'était pour les sociétés de secours mutuels, comme pour les autres, le régime du bon plaisir. Aussi périclitèrent-elles rapidement.

Plus tard, la loi du 10 avril 1834 vint encore aggraver cet état de choses. L'article 1ᵉʳ de cette loi dit, en effet : « *Que les dispositions de l'article 291 du Code pénal sont applicables aux associations de plus de vingt personnes, alors même que ces associations seraient partagées en sections d'un nombre moindre et qu'elles ne se réuniraient pas tous les jours ou à des jours marqués.* »

Les associations de mutualité avaient donc lieu de craindre à chaque instant un ordre de dissolution. Pour calmer leurs inquiétudes, le gouvernement déclara bientôt que la récente loi ne visait que les associations politiques et non les sociétés mutuelles.

La loi du 5 juin 1835 mentionne pour la première fois les sociétés de secours mutuels. Son article 6 est ainsi conçu : « Les sociétés de secours mutuels pour les cas de maladie, d'infirmités ou de vieillesse formées entre ouvriers ou autres individus, et dûment autorisées, seront admises à déposer tout ou partie de leurs fonds dans la Caisse d'épargne. Chacune de ces sociétés pourra déposer jusqu'à la somme de 6.000 francs. »

Le gouvernement de Juillet avait fini par comprendre le rôle bienfaisant des sociétés de secours mutuels ; une circulaire de M. de Rémusat, ministre de l'Intérieur, en date du 6 août 1840, indique qu'elles ne laissent pas le gouvernement indifférent et que le ministre les tient en haute estime : « La seule participation à une association de ce « genre, dit-il, est d'ailleurs une garantie d'ordre, de pré- « voyance et d'économie. Partout où les associations de « secours mutuels ont été établies, on a déjà pu en appré- « cier les excellents résultats, sous le double rapport de « l'ordre public et de la diminution du nombre des pau- « vres admis dans les hôpitaux. »

La Révolution de 1848, en proclamant la liberté absolue

du droit d'association et de réunion plaçait les sociétés mutualistes sous un régime de liberté complète. L'autorisation préalable n'était plus demandée ; une simple déclaration des jours et des lieux de réunion était seule prescrite.

Cependant les mutualistes trouvaient au nouveau régime des inconvénients de plusieurs sortes. Insuffisamment préparées à cette liberté sans limites, les sociétés sentaient le besoin d'une organisation réglementée par une disposition législative, fixant leurs droits et leurs devoirs.

C'est alors que le comité chargé par l'Assemblée constituante de rechercher les moyens d'améliorer le sort des travailleurs, fut saisi de deux propositions de loi émanant de l'initiative parlementaire.

L'une, de M. Waldeck-Rousseau, proposait, au profit des caisses de prévoyance, une contribution à la charge des communes, des départements et de l'Etat.

L'autre, présenté par M. Rouveure, le 9 décembre 1848, demandait que les patrons fussent soumis à une contribution obligatoire au profit des sociétés de secours mutuels.

C'était là du socialisme d'Etat, et les deux propositions furent repoussées.

Entre temps, le gouvernement étudiait la question. Le ministre du commerce, dans une circulaire du 26 juin 1849, demandait leur avis aux sociétés de secours mutuels, aux Chambres de commerce, aux chambres consultatives des manufactures, aux sociétés d'agriculture et aux préfets. C'est à la suite de cette vaste enquête que M. Dumas, ministre du commerce, formula le projet de loi qui, modifié, aboutit à la loi de 1850.

§ II. Législation de 1850 à 1898.

La loi organique des sociétés de secours mutuels était jusqu'à l'année 1898, la loi du 15 juillet 1850, complétée par le décret d'administration publique du 14 juin 1851, qui établit les conditions moyennant lesquelles ces sociétés peuvent être reconnues comme établissements d'utilité publique : ces conditions sont les suivantes :

1° Demande en reconnaissance d'utilité publique adressée au préfet, avec un acte notarié contenant les statuts, un état nominatif des sociétaires et le règlement intérieur ;

2° Règlement dans les statuts du but de la société, des conditions d'admission et d'exclusion, du chiffre des cotisations, du mode de placement des fonds et des droits aux secours et aux frais funéraires ;

3° Interdiction de promettre des pensions de retraite ;

4° Fixation du nombre des adhérents à un minimum de 100 et à un maximum de 2.000 membres, sauf pour les communes rurales où le nombre de 100 membres peut être réduit ;

5° Les sociétés ayant plus de 100 membres quand les fonds encaissés dépassent 3.000 francs doivent verser l'excédent à la caisse des dépôts et consignations et si elles comptent moins de 100 membres, ce versement doit se faire pour les sommes qui excèdent 1.000 francs ;

6° La société est soumise à l'autorité municipale ; le maire peut assister aux séances et les présider ;

7° La société ne peut modifier ses statuts ni se dissoudre sans l'agrément du gouvernement ;

8° Enfin elle doit chaque année adresser au préfet un état de la situation au 31 décembre.

A ces conditions, la société reconnue jouit :

1º De la faculté de faire aux caisses d'épargne des dépôts de fonds égaux à l'ensemble de ceux permis à chacun de ses membres individuellement ;

2º De la faculté de recevoir des dons et legs avec l'autorisation du préfet jusqu'à concurrence de 1,000 francs et avec l'autorisation du Conseil d'Etat pour les legs d'une valeur supérieure ;

3º Elle a le droit d'obtenir de la commune les locaux nécessaires à ses réunions ainsi que les livrets et registres nécessaires à son administration ;

4º Et enfin elle jouit de l'exemption des droits de timbre et d'enregistrement.

Peu de sociétés demandant à être reconnues, on voulut règlementer la situation de celles qui refusaient cette faveur par crainte des obligations qui en résultaient.

C'est ainsi que le décret-loi du 26 mars 1852 vint modifier cette législation en organisant une nouvelle espèce de sociétés de secours mutuels : celles dites approuvées.

Les sociétés approuvées sont assujetties aux règles suivantes :

1º Réserver au président de la République la nomination du président de la société ;

2º Admission statutaire de membres honoraires ;

3º Admission des membres participants soumise à l'élection en assemblée générale ;

4º Maximum de 500 membres :

5º Subordonner la promesse de pensions de retraite au nombre des membres honoraires.

Les formalités pour obtenir l'approbation consistent en une demande au préfet, accompagnée de deux exemplaires des statuts et d'une liste des membres honoraires et participants, indiquant l'âge et la profession de ces derniers.

On verra plus tard le projet de la loi votée en 1898 trancher la grave question de la spécialisation des recettes complétée par la péréquation des recettes et des dépenses et la personnalité civile étendue aux sociétés approuvées en échange des garanties fournies par leurs statuts (droit de recevoir, posséder, acquérir, vendre et échanger des immeubles dans certaines limites).

Vinrent ensuite le décret du 28 novembre 1853, relatif aux fonds de dotation et celui du 26 mars 1856, modifié plus tard par le décret du 31 mars 1894, organisant sur d'autres bases les pensions de retraite et instituant les fonds de retraite.

Ceux du 18 juin 1864 et du 27 octobre 1870 relatifs à la durée des fonctions administratives, le dernier restituant aux sociétés le droit d'élire leurs présidents et enfin le décret du 30 mars 1896.

Dans l'intervalle était votée la loi du 11 juillet 1868, admettant les sociétés approuvées à contracter à la caisse d'assurance en cas de décès, des assurances collectives de 100 francs par décès, valables pour une année.

A ce moment existaient trois formes de sociétés de secours mutuels :

1° Les sociétés reconnues ;

2° Les sociétés approuvées ;

3° Les sociétés simplement autorisées, mais ces dernières restant sous le coup de l'article 291 du Code pénal et de la loi de 1834 qu'avait fait revivre le décret du 26 mars 1852 ; l'autorisation qui avait permis leur formation était toujours révocable.

« Quant aux sociétés approuvées, elles diffèrent « profondément des sociétés reconnues comme établis-

« sement d'utilité publique, en ce qu'elles ne jouis-
« sent que d'une personalité restreinte (droit de recevoir
« des dons et legs mobiliers, et de prendre à bail des
« immeubles, impossibilité d'acquérir des immeubles à
« titre gratuit ou onéreux) tandis que les sociétés reconnes
« jouissent d'une personnalité civile complète, comportant
« la faculté d'acquérir des immeubles aussi bien à titre
« gratuit (avec les autorisations nécessaires) qu'à titre
« onéreux. » (1)

Nous avons donc vu : 1° D'une part les sociétés reconnues comme établissements d'utilité publique et les conditions de cette reconnaissance ; 2° d'autre part les sociétés
approuvées ; 3° enfin en troisième lieu les sociétés autorisées, simples associations licites, ne pouvant acquérir ni à
titre gratuit, ni à titre onéreux, et n'ayant droit à aucune
faveur administrative.

C'est cette législation combinant les lois du 15 juillet 1850
et le décret du 29 mars 1852 avec les lois du 21 mars 1884
sur les syndicats professionnels (article 19), et la loi du
20 juillet 1886 sur la caisse de retraites, que M. Pic considérait avec raison comme absolument défectueuse.

Les nombreux projets soumis au Parlement depuis 1881
ont tous eu pour objet de réformer dans un sens libéral la
législation que nous venons de passer en revue. Ils ont eu
pour résultat la législation toute récente actuellement en
vigueur, législation que le mouvement de prévoyance
sociale qui s'accentue chaque jour, obligera bientôt à
modifier de nouveau.

(1) Paul Pic. *Traité élémentaire de législation industrielle*, p. 606.

§ III. Préliminaires de la loi du 1ᵉʳ avril 1898. —

son esprit

La loi nouvelle, très libérale, a apporté de sérieuses améliorations à la situation des sociétés de secours mutuels. Législation d'émancipation et de sage protection de l'épargne, la loi de 1898 constitue désormais, la loi organique nos sociétés d'assistance.

Ses préliminaires remontent au 19 novembre 1881. A cette date, proposition de M. Hippolyte Maze, sur les sociétés de secours mutuels considérées en elles-mêmes et dans leurs rapports avec la caisse nationale des retraites pour la vieillesse.

Le 18 mars 1882, projet de M. René Goblet, ministre de l'Intérieur et Léon Say, ministre des Finances.

Le 12 novembre 1883, la Chambre des députés saisie de la question par les rapports de M. Maze, votait un texte nouveau en 27 articles.

Le 21 janvier 1884, le projet transmis au Sénat, était adopté le 24 juin 1886, mais avec d'importantes modifications, sur le rapport de M. Léon Say.

Le 14 juin 1889, la Chambre après deux délibérations, adoptait une deuxième fois, sur le rapport de M. Audiffred, le projet, en introduisant dans le texte de nouveaux changements.

Le 20 février 1890, le projet remanié fut transmis au Sénat et, le 15 décembre, M. Maze déposait son rapport, mais la mort ne lui permit pas de le soutenir. Un nouveau rapporteur fut nommé, et le 3 juin 1892, M. Cuvinot soumit au Sénat, un nouveau texte amendé. Ce projet était adopté par le Sénat, les 14 et 23 juin 1892.

Ce projet revenu à la Chambre fut l'objet d'un rapport de M. Audiffred ; mais la législature prit fin avant la discussion.

Dès le 2 décembre 1893, une proposition de loi de M. Audiffred était déposée sur le bureau de la Chambre, elle avait pour base les projets élaborés par les précédentes législatures. La commission d'assurance et de prévoyance sociales fut saisie de l'examen de ce projet ; des protestations s'élevèrent dans le monde de la mutualité contre certaines de ses dispositions. On demandait que le texte fût amendé et complété. La ligue nationale de la prévoyance et de la mutualité se fit l'interprète de ces revendications, et le 23 février 1894 elle donna mission à l'un de ses vice-présidents, M. Cheysson, de soumettre à la commission de la Chambre des députés des observations que l'étude du projet avait fait naître au sein de la ligue.

On voit la fédération des sociétés de Lyon, comme toujours, à la tête de la mutualité française, prendre une part active à la ligue avec ses 78.300 membres, et ses principaux présidents, MM. Rougier, Dumond, Bleton et Bonnet. Enfin, au mois d'août 1895, le congrès de Saint-Etienne élaborait une sorte de cahier des principales lacunes de la législation en vigueur et de ses *desiderata* mutualistes. De ce nombre était le vœu de voir donner une existence légale aux groupements des associations mutuelles qui, jusque là, n'était que tolérés. Un autre avait trait au placement des fonds sociaux (1). Les sociétés approuvées, disaient les mutualistes, ont un champ trop limité, il faut leur ouvrir un champ plus large ; le projet de loi autorise divers placements, ceux qu'on appelle de *bons pères de famille*; mais pourquoi ne pas permettre les

(1) *Les Sociétés de secours mutuels devant le Parlement*, Paul Rougier, 1895.

acquisitions d'immeubles et les prêts hypothécaires ? Pour quoi ne pas leur donner, à cet égard la même liberté que celle dont font un si bon usage les sociétés anglaises et américaines ? Mais leurs doléances s'accentuaient surtout au sujet de l'article 21 du projet relatif à la mobilité du taux de l'intérêt des sommes versées par les sociétés à la Caisse des Dépôts et Consignations (1). La Chambre avait, en effet, repoussé en première lecture un amendement demandant la fixité du taux de l'intérêt. La baisse constante de l'intérêt des capitaux effrayait les mutualistes. On verra qu'ils ont eu gain de cause.

Du reste, la plupart des doléances présentées furent admises par la commission et un projet à peu près semblable à la loi de 1898 fut voté le 4 juin 1897. Le Sénat modifia deux articles ; la loi revint à la Chambre, qui la vota définitivement après dix-sept années d'études.

En 1897, dans l'un des nombreux rapports auxquels donnèrent lieu les différentes délibérations de cette loi, M. Lourties s'exprime ainsi : « Sans être parfaite, la loi « nouvelle constitue un sérieux progrès par rapport à la « législation précédente. On peut dire, ajoute-t-il, que « l'œuvre du législateur telle qu'elle se présente aujour- « d'hui, à la suite des remaniements nombreux qu'elle a « subis depuis dix-sept ans, sera un dédommagement « pour la mutualité d'une aussi longue attente. » Et ail- « leurs : « Ce serait un anachronisme et une injustice à la « fois que de laisser plus longtemps les sociétés de secours « mutuels sous le régime d'une tutelle étroite que rien ne « justifie plus longtemps... » « La codification nouvelle est « empreinte d'un sage esprit de libéralisme, elle aura « pour effet d'aider puissamment la mutualité à prendre

(1) *Le mouvement mutualiste en France*, par Charles Royez (Lille 1896).

« à bref délai un nouvel et rapide essor, de restreindre de
« jour en jour le domaine de l'assistance publique, en
« substituant à l'aumône, qui humilie celui qui la reçoit,
« la prévoyance qui sauvegarde la dignité humaine et
« relève à ses propres yeux celui qui a la sage inspiration
« d'y recourir. Enfin, elle aura pour effet certain de créer,
« pour l'épargne à long terme, une nouvelle classe de
« petits capitalistes et d'élargir ainsi les bases de la paix
« sociale. Nous avons grande confiance que le Sénat lui
« fera l'accueil qu'il réserve à toutes les œuvres de progrès
« et de liberté. »

On ne pouvait pas mieux définir l'esprit de la loi nouvelle.

§. IV. Caractère et principales dispositions de la législation nouvelle.

Pour la première fois (1) la loi du 1er avril 1898 dit le
but des sociétés de secours mutuels. Ce but est d'obtenir
des résultats analogues à ceux que donne l'assurance.
L'ancienne législation assignait aux sociétés de secours
mutuels un but essentiel et presque exclusif ; c'était
d'assurer à leurs membres participants des secours temporaires en cas de maladies, d'accidents et d'infirmités.
Bien différente est la conception de la législation nouvelle.

(1) Dans une conférence au Palais Saint-Pierre, M. le Professeur
Rougier, président des 112e et 229e sociétés de secours mutuels,
exposait le 16 octobre 1897 le but et les principales dispositions de
la loi votée à l'unanimité par la Chambre le 4 juin précédent et soumise à ce moment aux délibérations du Sénat. La première question
qui se posait, dit-il, était celle-ci : *qu'est-ce qu'une société de secours
mutuels* ? Mais une définition de la mutualité n'est pas possible.
Simple, brève et claire, elle risquerait d'être insuffisante ; plus expli-
cite elle serait confuse. La Chambre a donc renoncé à définir les
sociétés de secours mutuels. Ne demandons pas au Sénat de résoudre
cette question insoluble.

Tout en conservant comme objet principal aux sociétés de mutualité la protection contre les conséquences de la maladie et certains risques quotidiens, elle élargit ce cadre trop étroit.

Elle place au même titre les associations qui se proposent de constituer des pensions de retraite ou de contracter au profit de leurs membres des assurances de diverses natures.

Son but est d'encourager l'œuvre de la mutualité en initiant les travailleurs à la pratique de la prévoyance.

Le législateur a pensé conquérir à cette pratique nécessaire la grande masse de la démocratie peu aisée, par la concession d'avantages considérables. Toutefois il est naturel d'observer ici que la concession même de ces avantages nécessite un contrôle qui peut être à certains points de vue considéré comme une tutelle exercée par l'État, sorte de patronage, dont le caractère est accentué encore par l'institution des membres honoraires.

A côté de ces avantages matériels, il a cru que l'application des grands principes d'émancipation et de liberté suffirait à parachever l'œuvre de préservation sociale.

Désormais toute société de secours mutuels se formera librement et recevra une existence légale par la seule volonté des intéressés sous la seule réserve d'une formalité administrative.

Le champ d'action des sociétés n'est plus enserré dans les limites étroites de la commune et peut s'étendre sur tout le pays. Le nombre des associés n'est lui aussi plus limité.

L'union des sociétés entre elles est autorisée pour des échanges de services et pour parer à certains risques (formation de pharmacies, d'établissements hospitaliers).

Si le législateur a cru, à tort suivant nous, maintenir

plusieurs catégories de sociétés, au moins a-t-il étendu la capacité des sociétés libres, qui peuvent posséder dans certaine mesure et recevoir des dons et legs.

Les sociétés approuvées ne seront plus obligées d'avoir un fonds commun inaliénable et pourront sur ce fonds qu'elles alimenteront à leur gré, constituer des retraites au profit de leurs membres ; enfin l'innovation du livret individuel est un des progrès les plus intéressants de la loi nouvelle.

Ces encouragements moraux que nous aurions souhaités encore plus étendus n'ont pas paru suffisants aux Chambres qui ont voulu stimuler le zèle des mutualistes par des avantages plus tangibles.

Le taux de faveur de 4,50 o/o sera garanti à tous les capitaux des sociétés de mutualité approuvées versés à la caisse des dépôts et consignations au compte courant ou au compte de fonds commun (1).

(1) La plupart des considérations qui précèdent figurent dans une circulaire du 20 octobre 1898 du ministre de l'intérieur, M. Henri Brisson et adressée par l'un de ses successeurs M. Waldeck-Rousseau, le 29 juillet 1899 aux Préfets des départements.

La circulaire se termine par les observations et les recommandations qui suivent :

« Au surplus, le Gouvernement désire vous assigner pour tâche « d'employer votre crédit et votre activité à favoriser le plus possible « l'expansion de la mutualité et de marquer par votre incessante « initiative les profondes sympathies des pouvoirs publics pour « l'institution sur laquelle ils fondent tant d'espoir.

« Le nombre est encore beaucoup trop grand de ceux qui par « ignorance ou par inertie, ne tentent pas de parer aux risques de « la vie, aux conséquences de l'invalidité inéluctable causée par la « vieillesse et qui deviennent les victimes trop résignées d'une « misère pourtant évitable avec un peu de prévoyance fécondée par « la mutualité. C'est dans notre démocratie un devoir impérieux et « primordial pour les représentants de l'autorité gouvernementale « de faire produire tous leurs effets aux institutions de paix sociale « qui tendent à développer la fraternité entre les citoyens et à « lutter contre la misère. En vous le rappelant, j'ai confiance que « vous continuerez à le remplir avec un redoublement de zèle.

La loi du 1ᵉʳ avril 1898 maintient l'ancienne division *tripartite* des sociétés de secours mutuels, en sociétés libres sociétés approuvées et sociétés reconnues comme établissements d'utilité publique, mais elle apporte, comme nous venons de l'indiquer, d'importantes améliorations : suppression de la nécessité de l'autorisation administrative pour les sociétés libres, simplement astreintes, comme du reste les sociétés approuvées et les sociétés reconnues, à déposer en double, un mois avant leur fonctionnement, leurs statuts et la liste de leurs membres ; extension aux sociétés libres de certains avantages réservés jusque là aux deux autres formes de sociétés, droit d'ester en justice, de recevoir des dons et legs mobiliers (avec l'autorisation du Préfet) de prendre des immeubles à bail, voire même d'acquérir les immeubles affectés à leur service. Elles peuvent se dissoudre volontairement et la dissolution pour toute autre cause ne peut être prononcée que par les tribunaux.

Mais la loi maintient sur d'autres points importants la distinction entre les sociétés libres et les autres :

A la séance de la Chambre du 12 novembre 1883, M. H. Giraud, défenseur ardent de la liberté pour toutes les sociétés mutuelles, avait mis en lumière ce fait qu'en 1880, les sociétés libres avaient donné à chaque veuve de

« Il faut résolument combattre l'indifférence des uns et éclairer les « autres. Je vous recommande instamment à cet effet : d'organiser « une propagande active en faveur de la mutualité ; d'obtenir le « concours éclairé des représentants de votre département, des muni- « cipalités et de toutes personnes disposées à seconder votre tâche « et capables de le faire utilement : de provoquer des conférences « fréquentes où seraient exposés et le but des sociétés de secours • mutuels et le profit moral et matériel qu'elles sont susceptibles de « procurer aux participants ; de multiplier enfin les occasions de « faire ressortir l'économie de la nouvelle législation et les avantages « considérables qu'elle a réservés à la mutualité. » (*Journal Officiel*, 8 août 1899).

sociétaire 135 fr. 43 et 57 fr. 70 à chaque orphelin, alors
que les sociétés approuvées n'avaient donné que 61 fr. 18
et 38 fr. 83. Il y avait donc lieu, suivant lui, de faire disparaître toutes différences, notamment en ce qui concerne
la personnalité civile et les avantages accordés par l'Etat,
en un mot, de ne plus établir de catégories de sociétés de
secours mutuels. Il fut objecté, que désormais l'arbitraire
cesserait pour toutes les sociétés, mais que les sociétés qui
voudraient faire appel aux subsides de l'Etat, devraient se
soumettre à son contrôle.

Telle est en effet la raison, qui motive la division des
sociétés libres d'avec les sociétés approuvées et reconnues.
Ces dernières recevant des secours de l'Etat doivent supporter son contrôle.

Ce contrôle, au surplus, est indispensable pour centra-
liser les renseignements nécessaires à l'établissement des
statistiques, des tables de mortalité, de morbidité et autres
documents utiles à l'avenir du fonctionnement de la
mutualité.

En somme, la nouvelle loi consacre les deux tendances
qui divisent les mutualistes ; les uns ne se réclamant que
de la liberté, les autres appelant l'intervention de l'Etat.

Le caractère de la loi a donc été d'établir une transaction entre les opinions manifestées, soit au Parlement,
soit dans les congrès de la mutualité ; de ce caractère
transactionnel il résulte que si les sociétés libres sont
affranchies de l'arbitraire administratif en ce qui concerne
leur formation, elles restent, en refusant la tutelle de l'Etat,
dans une infériorité manifeste au regard de celles, qui
acceptent le contrôle de l'administration, ont droit à ses
faveurs.

S'inspirant de ce qui existait dans les faits, la loi de 1898,
dans son article 1. élargit le cercle des services que peuvent

rendre les sociétés de secours mutuels. Alors que la loi de
1850 leur interdisait de servir des pensions de retraite, et
le décret de 1852. de donner des indemnités en cas de
chômage, la loi nouvelle reconnaît comme sociétés de
secours mutuels, les associations de prévoyance, qui se
proposent l'un ou plusieurs des buts suivants :

1° Assurer à leurs membres participants et à leur famille
des secours en cas de maladie, blessures ou infirmités ;

2° Constituer des pensions de retraites ;

3° Contracter au profit des participants des assurances
individuelles ou collectives en cas de vie, de décès ou
d'accidents ;

4° Pourvoir aux frais des funérailles et allouer des
secours aux ascendants, aux veufs, veuves et orphelins des
membres décédés :

5° Et en outre elles peuvent accessoirement créer, au
profit de leurs membres, des cours professionnels, des
offices gratuits de placement et accorder des allocations en
cas de chômage, à la condition qu'il soit pourvu à ces trois
ordres de dépenses au moyen de cotisations ou de recettes
spéciales.

Le législateur a cru utile d'affirmer, dès l'article 1er, que
les sociétés de secours mutuels sont des associations de
prévoyance, voulant dire ainsi qu'il ne fallait pas les confondre avec les sociétés de bienfaisance. Il est également bon d'observer, qu'une société qui se propose l'un
quelconque des buts énumérés dans l'article 1er peut être
considérée comme société de secours mutuels. Cette
observation est à retenir, puisque la loi récente contre les
accidents du travail et la loi qui viendra peut-être plus
tard sur l'assurance contre la maladie, peuvent rendre
inutile à cet égard la raison d'être des sociétés de secours
mutuels pour l'immense majorité des salariés, alors qu'elles

auront toujours, pour ces mêmes salariés, le rôle bienfaisant que leur assignent les autres buts, auxquels elles tendent.

Il a paru nécessaire (article 2 de la loi) d'exclure de la mutualité, en leur refusant les avantages qui lui sont accordés, les associations qui, tout en organisant sous un titre quelconque tout ou partie des services prévus à l'article précédent, créent au profit de telle ou telle catégorie de leurs membres, et au détriment des autres, des avantages particuliers.

Cette exclusion n'a pas suffi au législateur qui, notamment dans l'article 16, prévoit le cas et édicte des mesures contre les sociétés de secours mutuels qui se détourneraient de leur but, ou les associations qui par fraude, réussiraient à s'introduire au sein de la mutualité ; la loi punit d'une amende de 16 à 500 francs les administrateurs ou directeurs qui, par des manœuvres frauduleuses, auraient réussi à faire considérer ces sociétés comme des sociétés de secours mutuels.

Les dispositions relatives aux sociétés libres sont inspirées de la législation anglaise. En effet, les « Friendly societies » sont simplement soumises à l'enregistrement (acte du 11 août 1875, modifié en 1887) et tenues de publier annuellement un état de situation et de fournir, tous les cinq ans, leur inventaire à un *actuaire*. A ce propos, il est intéressant de mettre en regard les buts multiples qu'il est permis aux sociétés françaises de se proposer et ceux que l'acte de 1875 permet aux sociétés anglaises d'atteindre. Ces « Friendly societies », fort nombreuses en Angleterre, ont les objets les plus divers. Elles sont établies en vue de secourir leurs membres, maris, femmes, enfants, pères, mères, sœurs, neveux, nièces, pupilles, en cas de maladie, d'infirmités physiques ou mentales, dans la vieillesse ou le veuvage ou pendant la minorité des enfants orphelins. Elles donnent un secours en argent à la naissance d'un enfant ou à la mort d'un sociétaire. Elles pourvoient aux frais funéraires des membres de la famille des participants. Elles viennent en aide aux associés qui voyagent pour trouver du travail, à ceux dont les affaires ont mal tourné, à ceux qui sont victimes d'un naufrage ou dont les bateaux ou filets sont perdus ou endommagés. Elles donnent des dots, assurent contre l'incendie les outils ou instruments de travail de leurs membres jusqu'à concurrence de 15 livres. Elles paient des pensions de retraite n'excédant pas 200 livres. Leur champ, comme on le voit, est plus vaste que celui des sociétés françaises de secours mutuels.

Elles ont cependant le même caractère de prévoyance et de mutualité. Ce sont des sociétés de bonne camaraderie. (*Encyclopædia Britannica* V° *Friendlysocieties*).

Les « *friendly societies* » n'appliquèrent pas à leur début les vrais principes de mutualité et ne purent faire face à leurs engagements. Elles furent vite transformées. La réforme, qui a amené leur bon fonctionnement et assuré leur complète réussite, a été la substitutitution des « premiums » au système des « levies », c'est-à-dire qu'au lieu de demander à leurs membres, à la fin d'une année d'exercice, une contribution ou « levy » destinée à combler le déficit qu'ont pu entraîner les charges sociales, on fixe la cotisation, calculée d'avance, à payer par chaque associé pour faire face aux charges prévues pour l'avenir. Cette cotisation ne varie pas comme le « levy »; l'expérience des *actuaires* permet de la calculer, assez exactement, au moyen de tables de mortalité et de morbidité périodiquement dressées.

Les sociétés de secours mutuels peuvent (article 3) se composer de membres participants et de membres honoraires. Ces derniers paient la cotisation fixée ou font des dons à l'association sans prendre part aux bénéfices attribués aux participants. Mais les statuts peuvent contenir des dispositions spéciales pour faciliter leur admission au titre de participants à la suite de revers de fortune.

Cette dernière disposition devrait être inscrite de la façon la plus libérale dans les statuts de toutes les sociétés mutuelles ; ce serait non seulement une mesure de juste reconnaissance, mais aussi et surtout une mesure propre à attirer bon nombre de membres honoraires ; car il ne doit pas être permis d'ignorer qu'il est humain, que tout acte de bienfaisance, fût-il dicté par la générosité la plus pure et la plus élevée, comporte nécessairement au moins une petite part de sentiment personnel et que ceux qui peuvent être généreux dans la prospérité savent très bien combien la fortune est fragile.

Ce même article 3 fixe le droit des femmes qui peuvent entrer dans les sociétés mutuelles et même en créer sans l'assistance du mari.

Nous avons déjà vu que la formation des sociétés de secours mutuels était spontanée et libre. Les prescriptions relatives aux statuts sont déterminées par l'article 5. La loi a eu trois préoccupations distinctes : l'ordre public, l'intérêt des sociétaires et le bon fonctionnement des sociétés assurant leur vitalité.

Dans l'intérêt public, elle a limité et réglé leur action ; dans l'intérêt des sociétaires, elle exige que les conditions du contrat qu'ils passent avec les sociétés soient claires et apparentes, de manière à ce qu'ils n'aient aucun doute sur leurs droits et sur leurs devoirs. Pour le bon fonctionnement des sociétés, elle les oblige à déterminer quelle partie de leurs revenus sera affectée à telle ou telle dépense, particulièrement en ce qui touche aux pensions de retraite, leur rappelant ainsi le principe indispensable à la prospérité des sociétés, à savoir. que chaque dépense doit être couverte par une ressource correspondante.

Suivant l'article 8 de la loi, il peut être établi entre les sociétés de secours mutuels, en conservant d'ailleurs à chacune d'elles son autonomie, des unions ayant pour objet l'organisation :

a) des soins et des secours énumérés dans l'article 1ᵉʳ, notamment la création de pharmacies communes ;

b) L'admission des membres participants changeant de résidence :

c) Les règlements de leurs pensions viagères de retraite ;

d) L'organisation d'assurances mutuelles pour les risques divers auxquels les sociétés se sont engagées à pourvoir, notamment la création de caisses de retraite et d'assurances communes à plusieurss sociétés pour les opérations à long terme et les maladies de longue durée ;

e) Le service des placements gratuits.

L'intérêt que présente pour les mutualistes cet article de la loi est considérable. surtout en ce qui concerne l'organisation des caisses de retraite et d'assurance à long terme contre la maladie.

Nous savons, en effet. qu'il est une condition essentielle pour la réussite d'opérations de cette nature, c'est le grand nombre des participants.

Or, comment y parvenir sans union mutuelle entre un certain nombre de sociétés locales. qui, elles-mêmes pour réussir dans les services immédiats qu'elles assurent à leurs affiliés, ont besoin d'une surveillance et d'une spontanéité excluant un champ d'action trop étendu.

Avant la loi nouvelle. il existait un grand nombre d'unions, parmi lesquelles on peut citer : Le Comité général des présidents de secours mutuels de Lyon. qui réalisait l'union de quatre-vingt-quatre sociétés ; le grand Conseil des sociétés de secours mutuels de Marseille, comprenant cent vingt-cinq sociétés, le syndicat de Reims, etc., etc.

L'opinion était favorable à ces unions ; divers congrès les appelaient de leurs vœux ; c'est donc avec raison que la loi les a consacrées. Les « Friendly societies », là encore, nous avaient tracé la voie ; ainsi par exemple, l'Unité de de Manchester, comptait, dès 1878, 456 districts, 4121 loges, 526,802 membres et ses fonds s'élevaient à 4,325,000 livres sterlings.

Nous avons parlé déjà de la division en trois catégories des sociétés de secours mutuels et dit en quoi différaient les sociétés libres des sociétés approuvées et des sociétés reconnues comme établissements d'utilité publique.

Aux termes de la loi, les sociétés qui auront fait approuver leurs statuts par arrêté ministériel, ont tous les droits accordés aux sociétés libres et unions de sociétés libres. Elles jouissent en outre de certains avantages (articles 16 et suivants).

En premier lieu, l'approbation ne peut être refusée que pour non conformité des statuts avec les dispositions de la loi et si des recettes proportionnées aux dépenses n'y sont pas prévues pour la constitution des retraites garanties ou des assurances en cas de vie, de décès ou d'accidents. Toute modification aux statuts doit être également approuvée.

Les sociétés approuvées peuvent être autorisées, par décret rendu en Conseil d'État, à acquérir les immeubles nécessaires à leurs services. Quant aux immeubles acquis par legs ou donations, elles sont tenues de les aliéner dans le délai prescrit par le décret, qui en autorise l'acceptation. Les communes sont tenues de leur fournir un local pour leurs réunions et les livrets et registres nécessaires. Elles jouissent d'une remise des deux tiers des droits sur les convois, partout où existe une taxe municipale de cette nature et ne paient aucun droit de timbre ou d'enregistrement, sauf pour les transmissions de propriété, d'usufruit ou de jouissance de biens meubles ou immeubles.

Elles peuvent posséder ou acquérir des immeubles jusqu'à concurrence des trois quarts de leur avoir, les vendre ou les échanger. Leurs placements doivent être effectués à la Caisse des dépôts et consignations, en rentes sur l'État et autres valeurs dont l'intérêt est garanti par l'État.

Aux termes de l'article 21 (1), qu'en raison de son importance, nous reproduisons ci-dessous, les sociétés approuvées continuent à être admises à verser des capitaux à la Caisse des dépôts et consignations, soit en compte courant, qu'elles ont la faculté de retirer librement après quelques jours de préavis, comme aux caisses d'épargne, soit à leur compte fonds commun de retraites, qui demeure inaliénable.

Les §§ 1, 2 et 3 de l'article 21, tout en confirmant l'ancien état de choses, abrogent la disposition de l'article 13, du décret du 26 mars 1852, qui prescrivait le placement des fonds à la Caisse des dépôts et consignations, lorsqu'ils dépassaient 3,000 francs si la société avait plus de 100 membres, et 1,000 francs, si elle avait moins de 100 membres.

---

(1) « Les sociétés de secours mutuels approuvées, sont admises à « verser des capitaux à la caisse des dépôts et consignations :
« 1° En compte courant disponible ;
« 2° En un compte affecté pour toute la durée de la Société à la « formation et à l'accroissement d'un fonds commun inaliénable.
« Le fonds commun de retraites existant au jour de la promulga- « tion de la loi, ne peut être supprimé.
« Il peut être placé soit à la caisse des dépôts et consignations, « soit en valeurs ou immeubles, conformément aux articles 17 et « 20, soit à la caisse des retraites.
« Le compte courant et le fonds commun portent intérêt à un taux « égal à celui de la caisse nationale des retraites pour la vieillesse.

La caisse des dépôts s'autorisait des termes de cet article pour refuser les versements en compte courant des sommes inférieures à 1.000 francs ou à 3.000 francs suivant les distinctions ci-dessus. L'article 21 n'ayant apporté aucune réserve au droit, pour les sociétés, de verser des capitaux à ladite caisse, celle-ci recevra désormais tous les dépôts, quel qu'en soit le montant.

Le fonds commun est maintenu à titre obligatoire pour les sociétés ayant organisé dans le passé des retraites en faveur de leurs membres, mais il est, au contraire, déclaré facultatif au regard des autres sociétés qui se proposeraient de suivre l'exemple de leurs devancières. Les statuts indiqueront si la société entend constituer un fonds commun de retraites et si ce fonds doit constituer des pensions garanties ou non garanties. Si elles sont garanties, ils en indiqueront la quotité et détermineront le prélèvement qui sera opéré sur les cotisations pour assurer leur capital

« La différence entre le taux fixé par le paragraphe précédent et « le taux de 4 1/2 o/o, déterminé par le décret-loi du 26 mars 1852, « et le décret du 26 avril 1856, sera versé à titre de bonification à « chaque société de secours mutuels approuvée ou reconnue d'uti- « lité publique, en raison de son avoir à la caisse des dépôts et con- « signations (fonds libres et fonds de retraites), au moyen d'un « crédit inscrit chaque année au budget du ministère de l'intérieur.

« Les pensions de retraites peuvent être constituées soit sur les « fonds communs, soit sur le livret individuel qui appartient en « toute propriété à son titulaire, à capital aliéné ou réservé.

« Pour bénéficier de ces pensions, les membres participants doi- « vent être âgés d'au moins 50 ans, avoir acquitté la cotisation « sociale pendant 15 ans au moins et remplir les conditions statu- « taires fixées pour l'obtention de la pension.

« Les sociétés de secours mutuels qui accordent à leurs membres « ou à quelques-uns seulement, des indemnités moyennes ou supé- « rieures à 5 francs par jour, des allocations annuelles ou des pen- « sions supérieures à 360 francs et des capitaux en cas de vie ou de « décès, supérieurs à 3,000 francs, ne participent pas aux subven- « tions de l'État, et ne bénéficient ni du taux spécial d'intérêt ni des « avantages accordés par la présente loi, sous forme de remise de « droits d'enregistrement et de frais de justice. »

constitutif au bout du temps prescrit pour leur liquidation. Si elles ne sont pas garanties, les statuts porteront simplement que la société les délivrera selon ses ressources mais sans en indiquer la quotité.

Les statuts devront en outre préciser les moyens d'alimenter le fonds commun de retraites conservé ou à créer.

En tout cas, dans les sociétés qui pratiquent l'assurance contre la maladie, l'accroissement ou la création du fonds commun ne pourra avoir lieu au détriment de ce service, qui doit, avant tous, recevoir pleine satisfaction.

Le taux de l'intérêt des sommes en compte courant, et du fonds commun ne sera égal qu'à celui de la caisse des retraites pour la vieillesse ; mais le § 8 de l'article 21 leur garantit la bonification nécessaire pour combler la différence entre le taux variable de la caisse des retraites et celui de 4,50 o/o, au moyen d'un crédit qui sera inscrit au budget du Ministère de l'Intérieur.

Sous l'ancienne législation, les sociétés devaient demander chaque année la capitalisation des intérêts de leur compte, dont elles ne faisaient pas emploi ; sinon la caisse les laissait improductifs. Beaucoup de sociétés ignoraient cette formalité et perdaient de ce chef des sommes plus ou moins importantes. La loi nouvelle remédie à cet inconvénient en décidant que les intérêts non employés seront capitalisés de plein droit, sans déclaration des sociétés.

La caisse des dépôts et consignations, pourra utiliser, mais sous sa responsabilité, les fonds déposés en compte-courant ou au fonds commun, dans les mêmes conditions que ceux des Caisses d'Épargne.

Telles sont les dispositions principales relatives aux sociétés dites *approuvées*.

Au nombre de ces dispositions, nous remarquons celle qui fait profiter cette catégorie de sociétés du taux d'intérêt de 4 1/2 o/o pour ses dépôts de fonds. Il eut mieux .valu, suivant nous, ne pas établir un taux fixe d'intérêts, car il faut bien reconnaitre qu'il y a pour l'Etat un danger sérieux à provoquer ainsi des dépôts considérables.

De ce fait la Caisse des dépôts et consignations, qui ne retire des fonds déposés que 3 à 3 1/2 o/o au maximum, est en perte, de la différence entre ce taux et celui auquel, elle sert les intérêts aux caisses des sociétés mutuelles. L'Etat prend ainsi à sa charge une dette considérable. Au 31 décembre 1896, le solde du compte des sociétés de secours mutuels était de 44.839.536 francs en fonds libres et de 51.581.967 francs en fonds de retraite (1). Ces chiffres ne peuvent qu'aller en augmentant.

Les sociétés reconnues comme établissements d'utilité publique « jouissent des avantages accordés aux sociétés « approuvées. Elles peuvent, en outre, posséder et acquérir, « vendre et échanger des immeubles dans les conditions « déterminées par le décret déclarant l'utilité publique. »

Elles sont soumises aux obligations de l'article 11 de la loi ; cette disposition a trait à la liquidation des sociétés de secours mutuels. La reconnaissance d'utilité publique est faite par décret, rendu en la forme des règlements d'administration publique. Elle a lieu toutes les fois qu'elle est demandée dans la forme indiquée, c'est-à-dire au préfet, et accompagnée de trois exemplaires des statuts et du règlement intérieur et de la liste des adhérents, à condition que les statuts soient conformes aux dispositions de la loi.

Elles diffèrent, comme on vient de le voir, par leur capacité de posséder des immeubles. La loi ne fixe pas l'étendue

(1) Rapport de la Commission de surveillance présenté aux Chambres le 15 juin 1897. — Documents parlementaires, *Journal officiel*, page 1054.

de cette capacité, elle se borne à dire que le décret qui en déclarera l'utilité publique, fixera les conditions de cette capacité.

Les sociétés approuvées et les sociétés reconnues sont admises à verser leurs capitaux à la Caisse des dépôts et consignations, elles y sont même fortement encouragées, et nous venons de signaler les inconvénients de la situation qui peut en résulter. Toutefois, la loi de 1898, par une heureuse innovation, leur permet d'organiser des caisses autonomes, à des conditions et sous les garanties déterminées par un règlement d'administration publique. Ces caisses peuvent être constituées par les sociétés et aussi par les unions de sociétés. Bien administrées, elles peuvent rendre d'importants services, non seulement aux sociétés mêmes et à leurs adhérents, mais aussi à la chose publique, notamment en dégageant les caisses de l'Etat des capitaux mutualistes dont l'importance peut devenir telle, que nous y voyons une menace pour la bonne gestion des finances de l'Etat.

L'article 27 de la loi, dans sa première partie, fixe les conditions des caisses autonomes dans les termes suivants ;

« Un règlement d'administration publique détermine
« les conditions et les garanties à exiger pour l'organisa-
« tion des caisses autonomes, que les sociétés ou les unions
« pourront constituer, soit pour servir des pensions de
« retraites, soit pour réaliser l'assurance en cas de vie, de
« décès ou d'accident, et d'une manière générale toutes
« les mesures d'application destinées à assurer l'exécution
« de la loi.

« Les fonds versés dans ces caisses devront être employés
« en rentes sur l'Etat, en valeurs du Trésor ou garanties
« par le Trésor, en obligations départementales ou en
« valeurs énumérées au paragraphe 1er de l'article 20.

« La gestion de ces caisses sera soumise à la vérification
« de l'inspection des finances et au contrôle du receveur
« particulier de l'arrondissement du siège de la caisse. »

Conseil Supérieur.

Une autre innovation très heureuse de la loi de 1898 est
l'institution du Conseil supérieur des sociétés de secours
mutuels (article 31). Il est institué près le ministre de
l'Intérieur et composé de 36 membres, savoir :

Deux sénateurs élus par leurs collègues ;

Deux députés élus par leurs collègues ;

Deux conseillers d'Etat élus par leurs collègues ;

Un délégué du ministre de l'Intérieur ;

Un délégué du ministre de l'Agriculture ;

Un délégué du ministre du Commerce ;

Un membre de l'Académie des sciences morales et politiques désigné par l'Académie ;

Un membre du Conseil supérieur du Travail nommé
par ses collègues ;

Deux membres de l'Institut des actuaires français désignés
par le ministre de l'Intérieur ;

Le directeur général de la comptabilité au ministère des
Finances ;

Le directeur du mouvement général des fonds au même
ministère ;

Le directeur général de la caisse des dépôts et consignations ;

Un membre de l'Académie de médecine, désigné par
l'Académie, et un représentant des syndicats médicaux,
élu par les délégués de ces syndicats dans les formes qui
seront déterminées par un règlement d'administration
publique ;

Dix-huit représentants de sociétés de secours mutuels,
dont six appartenant aux sociétés libres, élus par les délé-

gués des sociétés dans des formes qui seront déterminées par un règlement d'administration publique ;

Chaque représentant des sociétés approuvées sera élu par un collège comprenant un certain nombre de départements ;

Tous les membres sont nommés pour quatre ans ; leurs pouvoirs sont renouvelables ; leurs fonctions sont gratuites ;

Le ministre de l'Intérieur est président de droit du Conseil supérieur des sociétés de secours mutuels. Il est convoqué au moins une fois tous les six mois et toutes les fois que cela lui paraîtra nécessaire.

Il reçoit communication des états statistiques et des comptes rendus de la situation financière fournis par les sociétés de secours mutuels, ainsi que des inventaires au moins quinquennaux et des autres documents fournis par les sociétés de secours mutuels.

Le Conseil supérieur donne son avis sur toutes les dispositions règlementaires ou autres qui concernent le fonctionnement des sociétés et notamment sur le mode de répartition des subventions et secours.

Une section permanente de sept membres, nommés par le ministre, est instituée à côté du Conseil supérieur. Cette section a pour fonction de donner son avis sur les questions qui lui sont soumises par le Conseil supérieur ou par le ministre.

Après avoir ainsi formulé la composition et le rôle du Conseil supérieur des sociétés de secours mutuels, la loi décide que chaque année, le ministre de l'Intérieur soumettra au Président de la République un rapport destiné à être présenté au Parlement sur les opérations des sociétés de secours mutuels et les travaux du Conseil supérieur.

Telles sont les règles essentielles édictées par la nouvelle loi sur les sociétés de secours mutuels.

Comme on l'a vu, cette loi diminue très sensiblement la distance qui séparait dans la législation antérieure les diverses catégories des sociétés et l'on doit reconnaître qu'elle y a apporté de grandes améliorations.

Bien que susceptible d'améliorations plus considérables encore, elle est conçue dans un esprit relativement libéral.

Elle décide finalement que, dans un délai de deux ans, après la promulgation de la loi, les ministres de l'Intérieur et du Commerce feront établir des tables de mortalité et de morbidité applicables aux sociétés de secours mutuels ; disposition excellente, si le délai fixé pour son application eût été de moins longue durée. Ce ne sera donc qu'au mois d'avril de l'année 1900 que paraîtront, au plus tôt, ces documents, dont on comprend l'importance et la grande utilité.

En les attendant, nous donnerons dans le chapitre qui suit, les quelques éléments de statistique qu'il nous a été permis de recueillir.

CHAPITRE III

Statistique.

§ I. Rapport de M. Barthou. — Généralités.

Il existait en France, à la fin de 1889, 8,873 sociétés de secours mutuels, possédant 164 millions ; de plus, 3,247 sociétés approuvées avaient un fonds de retraite. Le capital afférent au service des pensions de retraites, s'élevait à plus de 80 millions. A ce chiffre, il convient d'ajouter les créations assez nombreuses des syndicats professionnels, sociétés ou caisses de secours mutuels, caisses de prévoyance ou d'épargne, caisses de chômage, caisses de retraites, enfin les capitaux épargnés par les quelques compagnies (caisse des familles, Providence, etc.), qui réalisent des assurances ouvrières. (P. Pic, *Traité élémentaire de législation industrielle*, 1re partie, p. 167 et 556).

Pour faire ressortir l'infériorité de la mutualité française sur la mutualité anglaise à cette époque, il suffira de reproduire la citation que fait le même auteur de l'ouvrage de Cauwès. t. III, n° 1088 (1) :

Les « friendly societies » sont au nombre de 32,000. Elles comprenaient en 1888, 4 millions et demi de membres (ou plus de 13 millions en comptant les femmes et les enfants appelés à bénéficier des secours), et possédaient un capital d'un milliard et demi de francs. A ce chiffre, il convient d'ajouter :

1° Le capital accumulé par les fédérations de sociétés ou mutualités de second degré, soit 380 millions de livres sterlings ; 2° les fonds de réserve des Trade-Unions, lesquelles ne subventionnent pas seulement les grèves, mais font aussi offices de sociétés de secours ; 3° les capitaux épargnés par les compagnies d'assurances, qui pratiquent l'assurance ouvrière ou populaire, soit environ trois milliards. »

A l'heure qu'il est, cet écart formidable a certainement diminué dans une assez forte mesure, les progrès des sociétés de secours mutuels ayant été chez nous assez rapides, malgré les entraves d'une législation antilibérale ; il ne semble même pas douteux, que ces progrès s'accentueront de plus en plus sous l'empire de la loi du 1er avril 1898.

(1) Nous citons au chapitre ayant trait à la mutualité en Angleterre des statistiques plus récentes.

Aux termes de l'article 7 de cette loi, les sociétés de secours mutuels doivent, dans les trois premiers mois d'un nouvel exercice, adresser par l'intermédiaire des préfets au ministre de l'intérieur et dans les formes déterminées par lui, la statistique de leur effectif, du nombre et de la nature des cas de maladie de leurs membres. Aucune statistique n'a pu être publiée depuis. Mais la loi du 30 novembre 1892 contenait déjà la même prescription et le rapport rédigé au ministère de l'intérieur, résumant toutes les statistiques des sociétés de secours mutuels, était ou plutôt devait être adressé chaque année aux préfets. Ce travail demande certainement beaucoup de temps ; c'est pourquoi le rapport publié seulement le 1er novembre 1897, qui a trait aux opérations des sociétés de secours mutuels françaises pendant l'année 1895, est, croyons-nous (1), le dernier achevé à l'heure actuelle ; il porte la signature de M. Barthou.

Nous nous reporterons donc aux éléments de ce rapport puisqu'il n'existe pas, à notre connaissance du moins, de statistique d'ensemble plus récente.

D'ailleurs, en comparant les chiffres du rapport de l'année 1894 à ceux que fournit celui de 1895, on pourra juger très approximativement quelle a pu être la progression des sociétés de secours mutuels, jusqu'à l'année où nous sommes.

En 1894, il y avait en France 10.328 sociétés, comptant 1.583.469 membres et possédant 217.116.387 fr. 93.

En 1895, au 31 décembre, le nombre des sociétés s'élevait à 10.588 ayant 1.599.438 membres et possédant un capital de 226.982.119 fr. 03. Il faut remarquer que ce nombre de

---

(1) Le rapport ultérieur du ministre de l'Intérieur, terminé tout récemment, ne change pas sensiblement les résultats du rapport précédent.

1.599.438 associés comprend pour majeure partie des petits patrons et même de petits bourgeois et qu'en somme les sociétés de mutualité ne comprennent environ que la trentième partie de la classe ouvrière et que ce trentième représente les ouvriers les plus à l'aise.

L'augmentation en faveur de 1895 sur 1894 a donc été de 260 sociétés, 15.969 membres participants ou honoraires et 9.865.731 fr. 10.

En ce qui concerne plus particulièrement les cas de maladie. le rapport du ministre de l'intérieur fait les constatations suivantes : (elles ont trait, dans la première partie. aux sociétés approuvées et, dans la seconde, aux sociétés simplement autorisées).

§ II. Sociétés approuvées. — Frais de maladie.

Dans la première partie, le rapport constate qu'en 1895, 7.696 sociétés approuvées comprenaient 1.639.783 membres participants et 216.247 membres honoraires et qu'il y a eu sur ce nombre 312.156 malades dont 260.305 hommes et 51.851 femmes. ce qui donne une moyenne de 33,96 pour 100 sociétaires. savoir 33.70 pour les hommes et 35,32 pour les femmes.

Un tableau annexé au rapport montre que depuis 1886 cette moyenne a été en progression presque constante ; en 1886, cette moyenne était de 25,81 pour 100 sociétaires, savoir : 25,66 pour les hommes et 26,52 pour les femmes.

En 1895, le nombre des journées de maladie afférent aux 312.156 malades des sociétés approuvées s'est élevé à 5.107.072, savoir : 4.380.678 aux hommes et 726.394 aux femmes, d'où il résulte que la durée moyenne de maladie pour chaque malade a été, pendant cet exercice, de 16,36 journée.

Si l'on compare le nombre total des journées de maladie

à celui des sociétaires participants, on obtient une durée moyenne de maladie pour chaque sociétaire de 5,56 journées, soit 5 j. 67 pour les hommes et 4 j. 95 pour les femmes.

Les dépenses de maladie nous amèneront à remarquer qu'il s'est produit une notable augmentation, sur les exercices précédents, de la moyenne de chacune des trois dépenses de maladie, savoir : honoraires médicaux, frais pharmaceutiques et indemnité pécuniaire. En 1895, les honoraires médicaux ont en effet excédé de 1.41.793 francs ceux payés en 1894, tandis que l'accroissement annuel moyen depuis 1891 n'a été que de 40.000 francs.

Les frais pharmaceutiques se sont accrus de 194.201 fr. 35 en 1895 sur 1894, tandis que l'augmentation moyenne des trois années précédentes n'a été que de 23.473 francs. De même l'indemnité pécuniaire de maladie qui était, en 1894, de 5.211.957 fr. 29 est montée, en 1895, à 5.777.962 fr. 10, d'où un accroissement de 566.004 fr. 81 contre une augmentation annuelle moyenne de 1892 à 1894 de moins de 80.000 francs.

D'autre part, une modification introduite en 1895 dans le cadre de l'état statistique, qu'ont à remplir les sociétés, a permis de constater qu'un certain nombre d'elles n'accordaient que partiellement les différents secours de maladie, notamment l'indemnité pécuniaire.

Les honoraires payés aux médecins en 1895 par les sociétés approuvées se sont élevés à la somme de 2.917.363 fr. 46.

Les sociétés ayant assuré les secours médicaux comptaient pendant cet exercice :

Malades	274.379
Journées de maladie . .	4.507.144
Membres participants .	785.376

Il résulte de ces chiffres que la dépense médicale moyenne s'est élevée

> Par malade . . . . . . à   10 fr. 63
> Par journée de maladie à   0 fr. 65
> Par membre participant à   3 fr. 71

Dans cette même année 1895, le rapport de M. le Ministre de l'Intérieur établit, avec tableaux à l'appui, que les frais pharmaceutiques se sont élevés à la somme de 3.593.598 fr. 34 dont 2.953.101 fr. 57 pour les hommes et 640.496 fr. 77 pour les femmes.

La dépense pharmaceutique moyenne s'est élevée
Par malade . . . . . à 14 fr. 47 (homme 14 fr. 04, femme 16 fr. 83)
Par journée de maladie à 0 fr. 88 (homme 0 fr. 84, femme 1 fr. 20)
Par membre particip¹ à 5 fr. 08 (homme 4 fr. 89, femme 6 fr. 13)

Pendant cette même période les indemnités de maladie ont atteint la somme de 5.777.962 fr. 10 dont 5.254.645 fr. 51 pour les hommes et 523.316 fr. 59 pour les femmes.

Le nombre des malades ayant bénéficié de ce secours pécuniaire (certaines sociétés de secours mutuels ne donnent pas d'indemnité pécuniaire) s'est élevé à 232.278 hommes et 30.389 femmes, au total 262.667. L'indemnité moyenne accordée à chaque malade s'est donc élevée à 22 fr. 62 par homme et 17 fr. 22 par femme.

En résumé, les journées de maladie afférentes à cette catégorie de dépenses se sont élevées, pour chaque sexe, à 3.916.265 pour les hommes et à 431.793 pour les femmes, soit ensemble 4.348.058 journées. D'où une indemnité moyenne de 1 fr. 34 par journée d'homme et de 1 fr. 21 par journée de femme, en moyenne de 1 fr. 33.

L'indemnité pécuniaire de maladie frappe chaque participant d'une contribution moyenne de 7 fr. 93 pour les hommes et de 6 fr. 26 pour les femmes, moyenne générale 7 fr. 74.

Le ministre s'est ensuite attaché à comparer les dépenses occasionnées à la société par chaque malade et le montant de sa cotisation. Cette comparaison montre que chaque malade a occasionné à la société, dont il fait partie, une dépense moyenne de 47 fr. 10, la cotisation moyenne dans les sociétés assurant les frais de maladie étant de 14 fr. 24, c'est donc une charge de 32 fr. 86 dont se trouvent grévées les finances de l'association pour chacun de ses malades. Il ressort encore de cette comparaison que la contribution moyenne de chaque sociétaire, participant dans les frais occasionnés par les malades de l'association, est de 16 fr. 53. La cotisation moyenne est donc inférieure de 2 fr. 29 à cette contribution. Il est pourvu à cette différence par le produit des cotisations des membres honoraires, des droits d'entrée, des dons et legs, des intérêts des fonds placés, etc.

Il est à remarquer que la dépense moyenne est très variable et présente des différences très sensibles suivant les régions ; c'est ainsi que la statistique générale établit une dépense moyenne de maladie de 47 fr. 10 par malade, mais elle s'élève dans les Bouches-du-Rhône à 79 fr. 99, dans le Rhône à 69 fr. 86, dans la Gironde à 60 fr. 92, dans la Seine à 58 fr. 66, dans la Seine-Inférieure elle descend à 45 fr. 42, dans le Nord à 41 fr. 01, dans l'Ile-et-Vilaine à 39 fr. 27 et dans la Meurthe-et-Moselle à 37 fr. 47.

De même, la quotité moyenne générale des frais divers par journée de maladie est de 2 fr. 86, mais elle monte dans la Seine à 3 fr. 86, dans la Gironde à 3 fr. 71, dans les Bouches-du-Rhône à 3 fr. 66, dans le Rhône à 2 fr. 95, dans la Seine-Inférieure à 2 fr. 87. Elle descend dans la Meurthe-et-Moselle à 2 fr. 54, dans le Nord à 2 fr. 22, et dans l'Ile-et-Vilaine à 2 fr. 12.

La part contributive moyenne à la charge de chaque

membre participant dans les dépenses totales de maladie
est de 16 fr. 33, mais on constate qu'elle atteint dans le
Rhône 20 fr. 57, dans les Bouches-du-Rhône 19 fr. 85, dans
la Seine 19 fr. 08, dans la Gironde 18 fr. 03, dans la Seine-
Inférieure 16 fr. 46, dans le Nord 15 fr., dans l'Ille-et-
Vilaine 14 fr. 76. et dans Meurthe-et-Moselle 14 fr. 11.

Si l'on compare enfin la dépense moyenne de maladie
de chaque malade au chiffre moyen de sa cotisation, on
obtient comme moyenne générale, représentant l'excédent
de ses dépenses de maladie sur cette cotisation, la somme
de 32 fr. 86, mais cet excédent s'élève dans les Bouches-
du-Rhône à 60 fr. 52, dans le Rhône à 50 fr. 57, dans la
Gironde à 44 fr. 85, dans la Seine à 35 fr. 87. Elle n'est
dans la Seine-Inférieure que de 30 fr. 47, dans le Nord de
29 fr. 51, dans l'Ille-et-Vilaine de 24 fr., et dans Meurthe-
et-Moselle de 23 fr. 96.

§ III. Sociétés autorisées. — Frais de maladie

Le rapport du ministre de l'Intérieur examine ensuite
la situation et les opérations des sociétés simplement autorisées.

Nous allons résumer, dans l'ordre que nous avons suivi
pour les sociétés approuvées, les constatations relatives à
la maladie. Nous comparerons ensuite ces résultats à ceux
que nous avons signalés à propos des sociétés approuvées,
puis nous établirons une moyenne générale que nous
prendrons pour base de discussion.

En 1895, dans les sociétés autorisées, le nombre des
malades s'est élevé à 85,684 dont 74,856 hommes et 11,098
femmes. Il en résulte une proportion de 34,76 malade
pour 100 sociétaires (hommes 34,47 o/o, femmes 37,98 o/o.)

Depuis 1886, cette moyenne a été sans cesse en augmentant; en 1886, elle était de 23,28 o/o ; 23,73 o/o pour les hommes, et 20,35 o/o pour les femmes.

Le nombre des journées de maladie payées est de 1,599,127 savoir : 1,422,018 pour les hommes, et 177,109 pour les femmes. Si nous comparons ces chiffres au nombre de malades que nous avons signalés, il en résulte une durée moyenne de maladie pour chaque malade, de 18 jours 66, savoir : 19,07 pour les hommes, et 15,96 pour les femmes.

Le nombre total des journées de maladie, comparée au nombre total des sociétaires participants, donne une moyenne générale de 6,49 o/o, savoir : 6,63 pour les hommes, et 5,51 pour les femmes. Cette moyenne s'est accrue d'une façon continue depuis 1886 où la moyenne générale était de 4,73 o/o ; soit 4,98 pour les hommes et 3,02 pour les femmes.

Les honoraires médicaux ont atteint le chiffre de 628.540 fr. 15. Le nombre des malades de celles de ces associations qui ont payé à leurs membres les frais médicaux, s'étant élevé à 58.672 fr., il en résulte une moyenne de 10 fr. 71 par malade.

Le nombre des journées de maladie a été de 1.067.552, d'où la dépense moyenne de chaque malade par journée de maladie a été de ofr. 58. Comparés aux 165.405 membres participants de celles de ces associations qui ont assuré ce secours, les honoraires médicaux frappent chaque associé participant d'une contribution moyenne de 3 fr. 80.

Les dépenses en médicaments se sont élevées à 842.062 f.63, savoir : 718.666 fr. 01 pour les hommes et 123.396 fr. 62 pour les femmes.

Le nombre des malades ayant participé à ce secours s'est élevé à 45.967, soit 40.012 hommes et 5.955 femmes ; la dépense pharmaceutique moyenne a donc été pour chaque malade de 18fr. 32, soit 17 fr. 96 par homme et 20 fr. 72 par femme.

Le nombre des journées de maladie, pour les sociétaires ayant reçu le secours des frais pharmaceutiques, est de 855.683 se décomposant ainsi : 760.640 pour les hommes et 95.043 pour les femmes. La dépense pharmaceutique moyenne pour chaque journée de maladie a donc été de 0 fr. 98, soit 0 fr. 94 pour les hommes et 1 fr. 30 pour les femmes.

Le nombre des sociétaires participants, sur lesquels a été répartie la dépense de médicaments, est de 132.279 (114.734 hommes et 17.545 femmes). Le prélèvement sur la cotisation de chacun d'eux, pour sa contribution au paiement des médicaments, se chiffrait donc ainsi : 6 fr. 26 par homme et 7 fr. 03 par femme, en moyenne 6 fr. 37.

Le montant des indemnités accordées aux malades en 1895, dans les sociétés simplement autorisées se répartit de la manière suivante :

1° 1.959.879 fr. 71 aux 64.018 malades hommes
2° 182.436 fr. 08 aux 7.798 malades femmes

soit 2.142.315 fr. 79 aux 71.816 malades réunis.

L'indemnité moyenne pour chaque malade est donc fixée comme suit : hommes 30 fr. 61, femmes 23 fr. 40, en moyenne comme indemnité 29 fr. 83.

Le nombre des journées de maladie était en 1895 pour chaque espèce de sociétaires savoir :

Hommes 1.291.428 journées :
Femmes 120.804 journées ;

Ensemble 1.412.232 journées.

Il ressort de là, que l'indemnité moyenne pour chaque journée de maladie s'est élevée pour les hommes à 1 fr. 52, pour les femmes à 1 fr. 51, ce qui fait une indemnité moyenne générale de 1 fr. 52.

Le personnel des sociétés autorisées assurant les frais de maladie se composait de 202.014 hommes et de 22.686 femmes, ensemble 224.700 membres.

Chaque sociétaire participant contribue donc à l'allocation de ces indemnités pour une part moyenne se chiffrant ainsi :

Hommes 9,70 ;
Femmes 8,04 ;

et comme moyenne générale 9,53.

Le tableau suivant montre la progression de ces indemnités depuis 1890 :

ANNÉES	MOYENNES GÉNÉRALES		
	par MALADE	par jour de MALADIE	par membre PARTICIPANT
1890	24.15	1.43	9.26
1891	24.45	1.44	8.58
1892	25.46	1.45	8 59
1893	22.54	1.42	8.42
1894	22 81	1.35	7.96
1895	29.85	1.52	9.53

De tous les chiffres qui précèdent, il résulte que dans les sociétés simplement autorisées assurant les soins de maladie, la dépense moyenne de chaque malade s'est élevée en 1895 à 58 fr. 86, sa cotisation moyenne n'étant que 15 fr. 10, c'est donc un déficit de 43 fr. 76 que doit couvrir le fonds social.

Il ressort aussi de cet exposé que la contribution moyenne

de chaque sociétaire participant dans les frais occasionnés par les malades était de 19 fr. 70 en 1895 et la cotisation moyenne de 15 fr. 10. Il en résulte que cette cotisation est inférieure de 4 fr. 60 à la moyenne des frais de maladie incombant à chaque membre participant.

Nous allons grouper pour plus de clarté les chiffres qui précèdent :

En 1895 dans les sociétés approuvées, chaque malade a coûté
1° Pour soins médicaux 10 63
2° En médicaments 14 47
3° Pour indemnité pécuniaire . . . . 22 »

Ensemble. . . 47 10

Ce qui représente pour chaque jour de maladie :
1° Pour soins médicaux 0 65
2° En médicaments. 0 88
3° Pour indemnité pécuniaire 1 34

Ensemble par jour . . 2 87

Cette dépense répartie par tête de participant correspond à :

1° Pour soins médicaux . . . . Fr. 3.71
2° Pour médicaments 5.08
3° Pour indemnité pécuniaire . . . 7.74

Ensemble . . . . . Fr. 16 53 par participant.
La moyenne de la cotisation étant 14.24
Il en résulte un déficit de. . . . . . . Fr. 2.29 par participant.

Dans les sociétés simplement autorisées, chaque malade a coûté :

1° Soins médicaux . . . . Fr. 10.71
2° Médicaments 18.32
3° Indemnité pécuniaire 29.83

Ensemble . . . . Fr. 58.86

Ce qui représente pour chaque jour de maladie :

1° Soins médicaux 0.58
2° Médicaments 0.98
3° Indemnité pécuniaire 1.51
　　　　Ensemble par jour . . Fr.   3 07

Cette dépense répartie par tête de participant correspond à :

1° Soins médicaux 3.80
2° Médicaments 6.37
3° Indemnité pécuniaire 9.53
　　　　　　　Ensemble . . Fr. 19.70
La moyenne des cotisations étant 15.10
Le déficit est de . . . . Fr.   4.60 par participant.

Nous savons que ces différences sont couvertes par les
cotisations des membres honoraires, les dons et legs, etc.

§ V. Recettes sociales

Nous venons de voir quelles étaient les dépenses occasionnées par les frais de maladie ; nous savons quel est le
chiffre moyen de secours alloué par les sociétés de secours
mutuels, sous forme de frais médicaux, pharmaceutiques et
d'indemnité pécuniaire. Nous allons examiner rapidement
à l'aide de quels fonds, les sociétés font face à ces dépenses :
nous pourrons ensuite nous demander, si l'importance de
ces fonds ne peut pas s'accroître, et, si par suite, les sociétés
ne pourraient pas lutter d'une façon plus efficace contre
le risque de maladie, assurer à leurs membres, notamment une indemnité pécuniaire plus en rapport avec le
préjudice causé par le chômage qui en est la conséquence
forcée.

Le fonds social est constitué par le droit d'entrée, les amendes, les cotisations des membres participants, celles des membres honoraires, par les dons et legs, plus particulièrement par les subventions de l'État, des départements et des communes. Nous négligerons les dons et les legs ordinaires ; ces ressources sont trop aléatoires pour entrer rationnellement en ligne de compte dans l'établissement du calcul des recettes. Nous reléguerons aussi au second plan les cotisations des membres honoraires, non pas qu'elles soient peu importantes ; il est, en effet telles sociétés qui comptent plus de membres honoraires que de membres participants. Ainsi sans sortir de Lyon, on peut citer la 141e société, de la voirie et de l'architecture, comprenant 551 membres honoraires contre 121 membres participants; la 145e société des Sauveteurs médaillés, comptant 190 membres honoraires pour 68 membres participants : la 153e société des commis-voyageurs et employés d'agent de change, ayant 165 membres honoraires et 79 participants. Mais, le fait que les membres honoraires versent une cotisation sans retirer aucun bénéfice, relève en général, plus de la charité que de la mutualité. Nous restons donc en présence des cotisations des membres participants et des subventions de l'État, des départements et des communes.

Les Cotisations.

En 1895, *les sociétés approuvées* comptaient 1.005.448 membres participants, savoir : 834.874 hommes(1) et 170.574 femmes.

(1) Il faut observer que ce nombre de participants comprend une proportion très forte de petits patrons, de retraités, voire même de petits rentiers qu'on ne saurait considérer comme appartenant à la classe ouvrière.

Le montant de leurs cotisations a atteint 14.833.981 fr. 51. La moyenne des cotisations était de 14 fr. 76, soit : pour les hommes de 15 fr. 36, pour les femmes de 11 fr. 79.

Cette moyenne a varié suivant les régions :

Elle était dans le département de la Seine de. .	23 fr.	76
— dans les Bouches-du-Rhône de	18	32
— dans le Rhône de.	18	50
— dans la Gironde.	15	99
— dans l'Ile-et-Vilaine de.	15	22
— dans la Seine-Inférieure de	14	49
Elle descend en Meurthe-et-Moselle à.	13	48
et dans le département du Nord à.	11	49

Dans les *sociétés autorisées* en 1895, les membres participants étaient de 307.665, dont 265.589 hommes, 42.076 femmes.

Leurs cotisations se sont élevées à 4.718.412 fr. 72, soit une moyenne de 15 fr. 34 par sociétaire dont 16 f. 17 pour les hommes, 10 fr. 08 pour les femmes.

Cette cotisation moyenne est inférieure de 0 fr. 50 à la cotisation moyenne de 1894.

Une remarque est ici nécessaire : il existe un certain nombre de sociétés autorisées dont le but principal, exclusif pour la plupart, est d'allouer des pensions de retraite. Ces dernières sociétés n'allouent pas de secours de maladie. Ces associations, dont les ressources sont de même nature que celles des autres sociétés de secours mutuels, dont le but est de procurer à leurs membres l'assistance médicale et pharmaceutique et une indemnité pécuniaire ont été comprises dans les calculs que nous venons d'établir.

Il convient donc de les éliminer des résultats ainsi constatés pour ramener à un chiffre exact le montant des cotisations payées dans les sociétés de prévoyance contre la maladie. Nous avons les éléments nécessaires

dans le paragraphe précédent, où nous trouvons que
dans ces dernières sociétés la cotisation moyenne des participants dans les sociétés approuvées est de 14 fr. 24, et
dans les sociétés autorisées de 15 fr. 10, c'est-à-dire très
légèrement inférieure aux cotisations moyennes de toutes
les associations mutuelles. Dans les chiffres qui précèdent
n'entrent pas les cotisations des membres honoraires qui,
bien que reléguées au second plan, ne sauraient être pas-
sées sous silence.

Les sociétés approuvées comptaient en 1895, 216.247
membres honoraires dont les cotisations atteignaient
2.346.903 fr. 32, soit une cotisation moyenne de 10 fr. 85
par membre ; en 1894, cette moyenne était de 10 fr. 90.

Les sociétés simplement autorisées comptaient 28.752
membres honoraires ayant versé 336.534 fr. 71, soit une
cotisation moyenne de 11 fr. 70. Cette moyenne avait été
de 12 fr. 85 en 1894.

Les subventions.

Un autre élément important de ressources pour les
sociétés de secours mutuels est le chapitre des subventions.

La nouvelle loi dans son article 26 en règle l'emploi dans
les termes suivants :

« A partir de la promulgation de la présente loi les arré-
« rages des dotations et les subventions annuellement
« inscrites au budget du ministère de l'Intérieur, au profit
« des sociétés de secours mutuels, seront employés à
« accorder à ces sociétés des allocations : 1° pour encou-
« rager la formation des pensions de retraites à l'aide du
« fonds commun ou du livret individuel ; 2° pour bonifier

« les pensions liquidées à partir du 1er janvier 1895 et dont
« le montant, y compris la subvention de l'Etat, ne sera
« pas supérieur à 360 francs ; 3° pour donner, en raison du
« nombre de leurs membres, des subventions aux sociétés
« qui ne constituent pas de retraites.

« Pour chacune de ces affectations, la répartition du
« crédit aura lieu dans les proportions et suivant les
« barèmes arrêtés par le ministre de l'Intérieur, après avis
« du conseil supérieur.

« Il sera, préalablement à toute répartition, opéré chaque
« année, sur les dotations et subventions, un prélèvement
« déterminé par le conseil supérieur qui ne pourra dépas-
« ser 5 o/o de l'actif total pour venir en aide aux sociétés
« de secours mutuels qui, par suite d'épidémies ou de
« toute autre cause de force majeure, seraient momenta-
« nément hors d'état de remplir leurs engagements. »

Mais l'article 28 apporte aux libéralités de l'Etat les res-
trictions, auxquelles nous avons déjà fait allusion ; elles
sont ainsi formulées :

« Les sociétés de secours mutuels qui accordent à leurs
« membres ou à quelques-uns seulement des indemnités
« moyennes ou supérieures à 5 francs par jour, des allo-
« cations annuelles ou des pensions supérieures à 360 francs
« et des capitaux, en cas de vie ou de décès, supérieurs à
« 3.000 francs, ne participent pas aux subventions de l'Etat
« et ne bénéficient, ni du taux spécial d'intérêt fixé par
« les décrets des 26 mars 1852, 26 avril 1856, ni des avan-
« tages accordés par la présente loi, sous forme de remise
« de droits d'enregistrement et de frais de justice. »

On vient de voir que les subventions allouées aux sociétés
de secours mutuels par l'Etat, les départements et les
communes, sont destinées à la majoration des pensions de
retraites. L'importance de ces diverses subventions s'accroît

chaque jour et il est possible, qu'il résulte bientôt de cet
accroissement, qu'une partie en soit détournée au profit du
chapitre des secours en cas de maladie et destinée très
probablement à accroître l'indemnité pécuniaire à payer
aux sociétaires malades. C'est pourquoi il n'est pas sans
utilité d'indiquer brièvement dans ce travail les chiffres
qu'ont atteints ces subventions.

En 1895, le crédit annuel inscrit au chapitre XI du budget des dépenses du ministère de l'Intérieur, destiné à
subventionner les sociétés qui effectuent des versements
à leurs fonds de retraite, proportionnellement à ces versements, s'élève à . . . . Fr.   810.000   »

Le Parlement a voté pour le même ser-
vice un autre crédit de. . . . .   1.200.000   »
destiné à la majoration des pensions de
retraite liquidées dans le courant de l'année ; ce crédit est inscrit au chapitre XII.
C'est donc pour les subventions de
l'État . . . . Fr.   2.010.000   »

Les Conseils généraux ont voté, à la
même époque, des subventions dont le
chiffre total s'élève comme subvention des
départements à 159.699.59

Les communes ont alloué pour cette
même année 1895 . . . .   347.455.20

Ces subventions réunies font un total
de. . . . . Fr.   2.517.154.79

Il est à remarquer qu'aux termes de l'article 26, § 3, de
la nouvelle loi du 1ᵉʳ avril 1898, des subventions seront
également accordées aux sociétés qui ne constituent pas
de fonds de retraite, à raison du nombre de leurs membres participants. Les secours de maladie pourront donc
être majorés par le fait de ces subventions.

Il est une autre source de recettes pour les sociétés de secours mutuels. Ces recettes sont également destinées aux fonds de retraite. L'importance en deviendra, d'année en année, plus considérable, et leur accroissement rapide permettra peut-être de les affecter en partie, aux secours de maladie. Nous devons donc en dire un mot. Cette source de recettes est l'attribution aux sociétés de secours mutuels des comptes abandonnés dans les caisses d'épargne.

§ V. Mortalité et morbidité a différents ages

Avant de clore ce chapitre, il n'est pas sans intérêt de jeter un coup d'œil sur la statistique étrangère.

Un mutualiste anglais, Francis P. Neison, a publié, en 1882, chez Harrison and sons, à Londres, un ouvrage dans lequel se trouvent des tables de mortalité et de maladie, contenant des observations relatives à « l'Ancient order of Forester ». Ces observations portent sur 5 années de 1871 à 1875 inclus.

Voici ces indications :

Ancien ordre des Forestiers.

Age	Mortalité — Décès probables par an pour mille membres	Morbidité — Nombre moyen des jours de maladie ayant donné droit à l'indemnité par membre et par an.
De 20 à 24 ans	7.43	5 jours 73
De 25 à 29 —	7.29	5 — 97
De 30 à 34 —	8.86	6 — 78
De 35 à 39 —	10.92	8 — 05
De 40 à 44 —	12.84	9 — 61
De 45 à 49 —	16.58	11 — 95
De 50 à 54 —	20.45	15 — 85
De 55 à 59 —	29.73	22 — 47
De 60 à 64 —	38.02	32 — 16
De 65 à 69 —	58.43	55 — 80
De 70 à 74 —	80.03	83 — 99
De 75 à —	142.59	126 — 63

Bien que le décret de 1852 ait prévu la publication de tables de mortalité et de morbidité, nous n'avons et n'aurons en France rien d'analogue, avant l'année 1900, si toutefois les prescriptions de la nouvelle loi de 1898 sont mieux obéies que les précédentes.

Si cependant nous regardons près de nous, nous trouverons dans le compte rendu de l'année 1896 de la Société de secours mutuels des Ouvriers en soie de Lyon, la statistique suivante :

De 18 à 45 ans. { 946 *membres hommes* ont fourni 142 malades et 3.314 journées de maladie et une durée moyenne de 24 jours de maladie pour chaque malade ; il y a eu 6 décès dans l'année sur les 946 membres.

De 18 à 45 ans. { 2.928 *membres femmes* ont fourni 607 malades pour 19.972 journées de maladie et une durée moyenne de 32 jours 1/2 de maladie pour chaque femme malade. Il y a eu sur ce nombre 19 décès dans l'année.

De 46 à 90 ans. { 648 *hommes* ont fourni 148 malades et 5.624 journées de maladie, soit une moyenne de 38 jours de maladie pour chaque malade ; il y a eu 26 décès dans l'année.

De 46 à 90 ans. { 1.588 *femmes* ont fourni 328 malades et 15.688 journées de maladie, soit une moyenne de 47 journées 65 de maladie pour chaque femme malade ; les décès dans l'année ont été de 54 pour cette catégorie de sociétaires.

Ce qui correspond comme morbidité générale chez les hommes de 18 à 90 ans à 6 jours 1 par tête de participant, et de 8 jours 3 pour les femmes.

Mais ces chiffres ne sauraient être probants, parce qu'ils n'ont trait qu'à un nombre relativement peu considérable de membres participants. Ils ne sauraient non plus suffire comme terme de comparaison avec les résultats des statistiques allemandes concernant la morbidité et la mortalité sous le régime de l'assurance obligatoire contre la maladie, les éléments de calcul n'étant pas les mêmes ; mais une anomalie nous a frappé de prime abord. C'est qu'en Allemagne le nombre des journées de maladie est inférieur pour les femmes au nombre de jours de maladie chez les hommes, tandis qu'en France toutes nos statistiques indiquent un résultat contraire.

En effet, la moyenne des trois années 1888, 1889 et 1890 pour l'ensemble des caisses allemandes est de 5 jours 7 de maladie par tête et par an pour les hommes, et de 5 jours 2 pour les femmes.

Nous aurons à revenir sur la statistique allemande dans les assurances contre la maladie, dans la deuxième partie de ce travail.

§ VI. La mutualité à Lyon.

Lyonnais, nous ne saurions terminer cette partie d'un sujet qui a trait aux sociétés de secours mutuels, sans dire quelques mots de leurs commencements à Lyon et de leur situation actuelle.

« Les sociétés de secours mutuels à Lyon ont dû leur « origine à l'initiative de simples ouvriers qui, dans le but « de se soustraire aux vicissitudes où les avait jetés la

« disparition subite des anciennes corporations, ne prirent
« conseil que d'eux-mêmes pour s'entr'aider au moyen
« d'une sage prévoyance et d'une assistance réciproque.
« Dès 1804, nous voyons les membres des divers corps de
« métiers, tels que les tisseurs, maçons, charpentiers,
« cordonniers, jardiniers, portefaix, etc., s'associer entre
« eux pour former, à l'aide de cotisations individuelles, un
« fonds commun destiné à soulager ceux qui tomberaient
« malades ou que la vieillesse rendrait incapables de gagner
« par leur travail leur subsistance et celle de leur
« famille. » (1)

Complètement indépendantes, ces sociétés ne durent
leur organisation qu'à leurs fondateurs.

L'année 1810 vit s'établir les associations mutuelles des
maîtres fabricants de soieries, des tisseurs, des fondeurs,
des marchands de vins et des menuisiers, et 1811, celles
des maîtres plâtriers, des tonneliers, des ouvriers d'art et
métiers divers.

De 1814 à 1830, vingt-sept sociétés nouvelles s'organisèrent : 72 s'établirent sous la monarchie de Juillet, et enfin
16 autres de 1848 à 1850, ce qui donne à cette époque un
total de 143 sociétés de secours mutuels pour le département du Rhône.

Sur ce nombre 73 comptaient moins de 50 membres,
47 de 50 à 100, et 23 un chiffre supérieur : mais certaines
d'entre elles, sous prétexte d'assistance mutuelle n'avaient
d'autre dessein que de créer des ressources propres à soutenir les ligues et les coalitions. Telles étaient la société des
Mutuellistes où plus de 200 chefs d'ateliers de soieries
étaient divisés en sections pour se concerter sur les stipulations relatives aux prix de fabrication, et celle des Fer-
randiniers, composée de simples ouvriers en soie, honnêtes
pour la plupart, mais faciles à égarer et tout prêts à suivre

(1) Paul Rougier. *Les associations ouvrières*, p. 147.

le drapeau de l'émeute, comme on l'a vu aux journées de novembre 1831 et d'avril 1834. (1).

Mais enfin notre cité a eu l'honneur de devancer et même d'inspirer dans la grande œuvre de la mutualité les travaux du législateur et a mérité d'être considérée par notre génération comme la terre classique des sociétés de secours mutuels, comme elle l'est encore pour la charité et les œuvres philanthropiques.

Le rôle de la cité lyonnaise et du département du Rhône dans ce grand mouvement de civilisation, qu'est l'action de la mutualité, a continué à être de plus en plus considérable. On lit en effet dans le rapport au chef de l'État, de la commission supérieure de la mutualité en 1859 :

« Parmi les départements qui comptent le plus de sociétés « anciennes, celui du Rhône est signalé par l'empresse- « ment remarquable de ses sociétés à se faire approuver « et par les progrès réalisés depuis leur approbation. »

Au 31 décembre 1852, en effet, il n'y avait que 8 sociétés approuvées, en 1854 leur nombre était de 117 et porté à 164 en 1862.

Lyon a devancé la plupart des grandes villes, quant à l'admission des femmes dans les sociétés de secours mutuels et cette initiative appartient à la société des ouvriers en soie qui, dès son origine, a appelé indistinctement les hommes et les femmes à jouir des mêmes bienfaits. En 1863, 2850 femmes y étaient inscrites comme sociétaires et seulement 1646 hommes.

Au sur plus, pour montrer les progrès réalisés à Lyon par le mouvement mutualiste, il nous suffira en terminant de donner la dernière statistique officielle :

(1) M. Rougier, à qui nous empruntons ces souvenirs dans l'ouvrage cité plus haut, leur donne comme source l'*Histoire de Lyon* de Montfalcon, p. 1172 et suiv., et l'*Histoire de Louis-Philippe* de De Nouvion.

STATISTIQUE OFFICIELLE
DES
SOCIÉTÉS DE SECOURS MUTUELS DU DÉPARTEMENT DU RHONE
Du 1er janvier 1870 au 31 décembre 1895.

I. MOUVEMENT DES SOCIÉTÉS DE 1870 A 1896			
1870	Nombre de sociétés approuvées en 1870. 244 ⎫ Nombre des sociétés libres en 1870. . . 34 ⎭		278
1895	Nombre des sociétés approuvées au 31 décembre 1895 . . . . 314 Nombre de sociétés libres au 31 décembre 1895 40		354
	Différence en plus.		76
II. SITUATION FINANCIÈRE			
1870	Capitaux formant l'avoir disponible des sociétés approuvées en 1870 . . 1.583.627 Capitaux formant l'avoir disponible des sociétés libres en 1870 . . . . . 337.762		1.921.389 »
1895	Capitaux formant l'avoir disponible des sociétés approuvées au 31 décembre 1895. 4.189.589 62 Capitaux formant l'avoir disponible des sociétés libres au 31 décembre 1895 . . . 6.617.235 12		10.806.824 74
	Différence en plus.		8.885.435 74
III. MOUVEMENT DU PERSONNEL			
1870	Personnel des sociétés approuvées en 1870	honoraires. 3.731 participants 22.238	25.969	28.353
	Personnel des sociétés autorisées en 1870	honoraires. 345 participants 2.039	2.384	
1895	Personnel des sociétés approuvées au 31 décembre 1895	honoraires. 9.691 participants 36.785	46.476	78.333
	Personnel des sociétés autorisées au 31 décembre 1895	honoraires. 929 participants 30.928	31.857	
	Différence en plus		59.980	

CHAPITRE IV

Mutualité scolaire.

§ I. Son origine. — Ses avantages moraux.

C'est en 1887, qu'un philanthrope, M. Cavé, eut l'idée de fonder à Paris la mutualité scolaire, qu'il faut se garder de confondre avec la création des Caisses d'épargne scolaires. M. Edouard Petit, professeur au lycée Janson-de-Sailly a plus tard coopéré activement à l'œuvre de M. Cavé. Enfin, les pouvoirs publics se sont vivement intéressés à cette forme nouvelle de la mutualité. Familles et éducateurs en ont aussi saisi la portée humanitaire et sociale. Ils ont donné droit de cité à cette excellente et pratique institution « qui montre tout ensemble à l'enfant la puissance de « l'épargne et celle de l'association, qui lui apprend à la « fois la prévoyance pour soi, forme de l'intérêt bien « entendu, et la prévoyance pour autrui, forme de la « fraternité » (1).

Ainsi encouragées, les associations d'assistance mutuelle entre les enfants de nos écoles ont promptement prospéré et leur nombre s'est constamment accru sous la législation antérieure à la loi du 1er avril 1898 ; il est certain que sous le régime plus libéral de la nouvelle loi, leurs progrès iront en s'accentuant.

(1) Extrait d'une circulaire administrative de M. Poincarré, ministre de l'Instruction publique.

§ II. GROUPEMENT DES ÉCOLES.

Il est difficile d'établir exactement le nombre des sociétés
de secours mutuels scolaires existant au moment du vote
de la nouvelle loi, car chaque jour voit naitre 1 une de ces
fondations utiles. Sous cette réserve, en prenant comme
limite le 31 mars 1898, on arrive au chiffre de 400 sociétés
définitivement constituées dans 70 départements, contre
110 à pareille date en 1897. Ces chiffres, il faut le retenir,
ne correspondent pas au nombre des écoles ayant adopté
ce système d'associations mutuelles, mais bien au nombre
des associations, dont beaucoup comprennent toutes les
écoles d'une même ville, voire même celles d'un canton ou
d'un arrondissement. On arrive ainsi à une moyenne de
10 écoles par société ; ce groupement tend à l'accroissement des ressources et présente de sérieux avantages.

Au nombre de ces associations par groupes d'écoles,
l'exemple de la société de secours mutuels des établissements d'instruction du canton de Roanne est spécialement
intéressant. Elle réunit les élèves du lycée de filles au
nombre de 64, ceux du lycée de garçons au nombre de 130
et les 700 écoliers et écolières des écoles primaires. N'est-ce
pas là une indication heureuse pour l'avenir ? La mutualité
scolaire n'est-elle pas appelée en effet à servir de trait
d'union entre les « enfants de France » ? Les collégiens ne
peuvent-ils pas devenir les bienfaiteurs anonymes de camarades moins fortunés, puisqu'ils peuvent renoncer aux
secours de maladie, dont la valeur, laissée dans la caisse,
accroîtra ainsi le total des retraites. Cette heureuse idée
dont les jeunes Roannais font l'application, est une victoire
de la solidarité bien digne d'être propagée.

Parmi les sociétés mutuelles groupées par arrondissement, il faut citer celles de Tulle, de Brive et d'Ussel, qui

comptent 1.654 adhérents, tandis que toute la Corrèze ne compte que 1.100 à 1.200 mutualistes adultes (1).

Depuis la création des sociétés scolaires de mutualité, une remarque encourageante a été faite ; partout où la mutualité scolaire a été implantée, non seulement elle n'a pas nui à la caisse d'épargne scolaire, mais elle en a accéléré le succès, tant il est vrai que l'esprit de prévoyance et d'économie, une fois entré dans la pratique habituelle, est susceptible de tous les progrès.

Un autre bienfait des sociétés scolaires et de leur rôle moralisateur dont on s'est aperçu au jour le jour, est d'apprendre à l'enfant à secourir son camarade malade dans le besoin et de permettre à l'instituteur, grâce à la feuille de maladie dont il dispose, d'exercer une part d'équitable et généreuse influence dans les milieux déshérités.

§ III. ORGANISATION STATUTAIRE. — BUT DES SOCIÉTÉS.

Ces sociétés ont pour but, moyennant une cotisation hebdomadaire, en général fixée au minimum de 10 centimes :

1º De venir en aide aux parents des enfants (sociétaires) malades, en leur allouant une indemnité pendant le temps de la maladie ;

2º De constituer en faveur des enfants sociétaires un capital de retraite inaliénable destiné à leur servir des pensions de retraite ;

3º D'établir au profit de chacun d'eux les premiers éléments d'un livret personnel de retraite à capital réservé ;

4º De créer un capital payable au décès du titulaire à ses proches parents.

La réalisation de ces promesses n'est certes pas illusoire.

(1) Rapport de M. Edouard Petit à M. Al. Rambaud, ministre de l'instruction publique (1898).

Le tableau suivant démontre quels sont les résultats qui peuvent être atteints au moyen de versements minimes, s'ils sont effectués dès l'enfance :

TABLEAU COMPARATIF

(Tarif A 1/2 (1883) caisse nationale de retraites)

DE LA PENSION VIAGÈRE

de retraite obtenue pour l'âge de 55 ans par le versement de **un franc** (capital aliéné) à l'âge de :

3 ans.		13 ans.		23 ans.		33 ans.		43 ans.	
3 ans.	1f73	13 ans.	0f96	23 ans.	0f56	33 ans.	0f32	43 ans.	0f186
4	1 61	14	0 91	24	0 53	34	0 30	44	0 176
5	1 51	15	0 86	25	0 51	35	0 28	45	0 166
6	1 41	16	0 81	26	0 48	36	0 26	46	0 157
7	1 33	17	0 78	27	0 45	37	0 25	47	0 149
8	1 25	18	0 74	28	0 45	38	0 24	48	0 140
9	1 18	19	0 70	29	0 41	39	0 23	49	0 132
10	1 12	20	0 66	30	0 38	40	0 22	50	0 124
11	1 06	21	0 63	31	0 36	41	0 21	51	0 117
12	1 01	22	0 59	32	0 34	42	0 20	52	0 109
								53	0 103
								54	0 096
Soit en 10 ans de 3 à 12 ans }	13f21	Soit en 10 ans de 13 à 22 ans }	7f04	Soit en 10 ans de 23 à 32 ans }	4f49	Soit en 10 ans de 33 à 42 ans }	2f51	Soit en 12 ans de 43 à 54 ans }	1f65

Chaque franc versé de 3 à 55 ans aurait ainsi produit une pension annuelle et viagère de 29 francs 60 à 55 ans.

Donc 5 francs économisés annuellement au profit d'un sociétaire, permettraient de lui constituer à l'âge de 55 ans, une rente annuelle et viagère de 145 francs, dont 66 francs seraient acquis déjà par les versements opérés de 3 à 12 ans (13.21 $\times$ 5 = 66.05.)

(La loi de 1898 prévoit une certaine participation aux subventions de l'État pour les versements effectués sur ces livrets, par les sociétés de secours mutuels approuvées.)

On verra du reste, par le paragraphe suivant, que ce chiffre de 5 francs n'a pas été pris au hasard de la plume.

§ IV. Caisses de retraite

Si l'on prend en effet, comme exemple, la société-type de secours mutuels entre enfants, où la cotisation hebdomadaire est seulement de 0 fr. 10, on peut se rendre compte du mécanisme de ces sociétés par l'extrait qui suit d'un compte rendu de M. Cavé, du mois de mars 1898, soit à la veille de la promulgation de la nouvelle loi.

« Beaucoup se demandent comment nous pouvons pré-
« tendre réaliser annuellement une économie de 5 francs
« en vue de la retraite avec une si minime cotisation de
« 0 fr. 10 par semaine, sur laquelle nous devons payer le
« montant des indemnités de maladie, dues aux socié-
« taires, et nos frais d'administration.

« Voici en deux mots le secret du système :

« Nous recevons, en effet, des enfants 0 fr. 10 chaque
« semaine, c'est par an 52 $\times$ 0.10 = ...   5 fr. 20

« Nous prélevons la moitié de cette somme

A reporter. . .   5 fr. 20

Report. . .   5 fr. 20

« pour la verser sur le livret individuel de
« retraite du sociétaire, ci...........   2 fr. 60
« Cinq centimes seulement par semaine
« restent donc pour le fonctionnement
« de la mutualité. Or, l'expérience a
« démontré que les enfants fournissent
« une moyenne de 2 1/2 à 3 journées
« de maladie par an, et d'autre part,
« le concours désintéressé de nos insti-
« tuteurs, rend fort minimes nos frais
« d'administration, en sorte que nos
« dépenses totales de ce double chef,
« ne dépassent pas 1 fr. 30 par an.

« L'excédent. soit.................   1 fr. 30
« est déposé à notre fonds social de
« retraite, et aux termes de la loi, ce
« versement nous donne droit à une
« subvention de *un franc par tête de*
« *sociétaire* plus un quart de la somme
« versée $\frac{1\ \text{fr. }30}{4}$ soit 0 fr. 30, ensemble
« 1 fr. 30, ci.......................   1 fr. 30
« Cette subvention couvre donc le
« montant de nos dépenses de façon
« que, en réalité, les indemnités de
« maladie et les frais d'administration,
« n'ont rien coûté au sociétaire ni à la
« société et que le total des cotisations
« versées par l'enfant se trouve ainsi
« reconstitué.....................   5 fr. 20   5 fr. 20

« Ajoutons, enfin, que les économies réalisées seront
« encore grossies de la plus forte partie, sinon de la totalité
« des cotisations des membres honoraires. »

Le tableau comparatif de la pension viagère qu'il est possible d'obtenir à 55 ans, suivant l'âge auquel commence le versement des cotisations, fait ressortir la puissance de l'économie, si faible soit-elle, quand elle naît, pour ainsi dire, avec l'enfant et le suit à mesure qu'il avance dans la vie.

Ce tableau sollicite l'attention de tous les philanthropes et surtout de tous les pères de famille sans aucune exception. L'observation que nous avons faite à propos de la situation des membres honoraires dans les sociétés d'adultes et de l'avantage que ces sociétés trouveraient en assurant à leurs bienfaiteurs la possibilité de jouir, en cas de revers de fortune, des avantages qu'ils auraient acquis comme sociétaires participants, trouve ici plus encore sa place.

Toutes les familles, sans exception, devraient affilier leurs enfants à l'une de ces sociétés de mutualité de l'enfance. En abandonnnant d'abord à la communauté scolaire les indemnités dont elles-mêmes n'ont que faire, elles restitueront simplement, à l'avance, la subvention dont l'Etat majorera la pension de retraite de leurs enfants et ceux-ci, plus tard, abandonneront, à leur tour, au profit de leurs camarades survivants, cette retraite constituée sur leur propre tête, si toutefois l'adversité ne les a pas frappés. Peut-être même l'affiliation précoce de l'enfant à une œuvre civilisatrice par excellence, aura-t-elle contribué à lui montrer dans la vie la route du devoir, qui est aussi, non pas toujours, peut-être, le chemin de la fortune, mais la voie la plus sûre pour éviter les atteintes de la misère.

Ce tableau établit aussi que, dès après l'âge de 12 ans, soit dès la sortie des écoles primaires, il faudra non pas opérer pendant dix ans seulement, mais pendant vingt-quatre ans, de 12 à 36 ans, les mêmes versements de

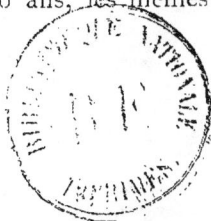

5 francs par année pour obtenir la même rente annuelle de 66 francs à l'âge de 55 ans. C'est la meilleure démonstration de l'avantage des sociétés scolaires.

Les statuts de la plupart des sociétés mutuelles de l'enfance prévoient le moment où le jeune sociétaire, définitivement sorti des écoles, désirera se faire admettre dans une société d'adultes et l'on a vu que ce moment correspond pour le plus grand nombre à l'âge de 12 ans.

Afin de favoriser l'admission dans une société d'adultes d'un membre sortant de la société scolaire, les statuts donnent en général pouvoir au Conseil d'administration d'établir, avec la ou les sociétés approuvées d'adultes de la circonscription, des conventions aux termes desquelles les membres de la société scolaire qu'il administre devraient, sans stage préalable et sans droit d'entrée, être admis dans les dites sociétés depuis leur sortie des classes jusqu'à l'âge de 18 ans.

Ainsi se trouvera résolue la difficulté qui résultait, pour le petit sociétaire, de sa sortie, encore enfant, des sociétés scolaires et de l'interruption dans son acte de mutualité qui en aurait été la conséquence.

En terminant ce qui a trait à la mutualité scolaire, on ne peut mieux faire que citer les remarquables paroles prononcées, le 27 mai 1897, par M. Barthou, alors ministre de l'intérieur :

« J'estime que l'avenir de la mutualité, je dis plus, que
« l'avenir de la solidarité dans notre pays, résident dans le
« développement de la mutualité scolaire. Il faut, en même
« temps que l'enfant grandit, que grandissent avec lui les
« qualités d'économie, de prévoyance. Quand il aura fait
« partie tout jeune d'une société de secours mutuels, il se
« trouvera dans son âge mûr, garanti contre les accidents
« de la maladie, il aura acquis la sécurité dans le travail.

« Il aura appris ce que valent les sentiments d'indépen-
« dance et de dignité. Et enfin la mutualité scolaire aidera
« dans une large mesure à la constitution de ces caisses
« de retraites pour la vieillesse auxquelles vous êtes tous
« si fermement attachés. La vérité du progrès social
« consiste pour nous, dans le concours à la fois moral et
« financier, prêté par l'Etat aux efforts combinés de
« l'initiative individuelle et de l'association. A défaut d'une
« formule magique qui puisse transformer le monde, il
« n'y a pas d'autre moyen d'en atténuer les misères et d'en
« améliorer les inégalités. »

§ V. Congrès régional des Petites A tenu a lyon en 1899.

Nous ne saurions terminer cette étude sur la mutualité
scolaire sans dire quelques mots du récent Congrès des
Petites A. Les 21 et 22 mai de cette année 1899
était tenu à Lyon, au Palais de l'Université, sous la présidence d'honneur de M. Bayet, directeur de l'enseignement
primaire, représentant M. le Ministre de l'Instruction
publique, et sous la présidence de M. Compayré, recteur
de l'Académie de Lyon, le deuxième (1) congrès régional des
Associations amicales d'anciens élèves des Écoles communales laïques (filles et garçons) connues sous le nom de
« Petites A ». Ce congrès avait pour mission, outre son
programme spécial, de jeter les bases d'un Congrès national
qui aurait lieu à Paris en 1900.

Son programme était : d'examiner la situation actuelle
des Petites A, les moyens propres à assurer leur dévelop-

(1) Le 1er Congrès a été tenu à Saint-Etienne, en 1898.

pement et leur prospérité, de constater les services qu'elles peuvent rendre en ce qui concerne l'éducation. l'instruction, l'extension universitaire, d'estimer les services que ces associations sont à *même de rendre en ce qui concerne les œuvres de mutualité, de prévoyance et de patronage.* Ce dernier point seul peut intéresser le sujet que nous avons traité ; aussi passerons-nous très rapidement sur les premières questions posées au Congrès.

Avant d'entrer plus avant dans le rôle de ces associations au point de vue de la mutualité et de la prévoyance, nous devons dire ce que sont ces Petites A. Définir leur but est chose difficile, tellement ce but est multiple : ce sont des associations d'anciens élèves des Écoles communales réunis dans le but de guider les enfants à leur sortie des écoles primaires, de les maintenir dans une bonne voie, de leur permettre, s'ils le veulent, de compléter leur instruction et leur éducation, et surtout de leur enseigner la solidarité.

Ces associations, dont la première remonte à 1869, se sont développées avec une rapidité surprenante (on en comptait 3400 à l'ouverture du Congrès de 1899). « Si je « voulais analyser les causes de ce mouvement, disait « M. le recteur Compayré. dans son remarquable discours, « je dirais que la fondation des Petites A répond au besoin « très légitime, de se récréer, au besoin de s'aider, de « s'assister matériellement, moralement, intellectuelle- « ment, et par dessus tout, aux sentiments de fraternité, « et à la nécessité d'établir entre les hommes le plus pos- « sible de solidarité.

« Il semble. ajoute-t-il, qu'un vent de fraternité ait « soufflé sur notre pays. De même qu'il suffit quelque- « fois d'une matinée de printemps et de ses chaudes brises « pour faire épanouir partout, sur les coteaux et dans les

« vallons, les bourgeons et les fleurs, de même un souffle
« de fraternité a fait éclore sur toute la France, du Nord
« au Midi, de l'Est à l'Ouest, de la capitale aux bourgades,
« ces trois milles sociétés qui se ressemblent comme des
« sœurs, malgré des différences de physionomie qu'il faut
« respecter et qui, à l'heure qu'il est, constituent une des
« plus belles familles qui existent dans notre pays, de
« société d'activité sociale, de travail intellectuel et d'ami-
« tié fraternelle. »

Dans la première partie de leurs travaux, les congressistes passant en revue la situation des Petites A, ont
constaté leur accroissement rapide : à peine 600 en 1895,
elles sont plus de 3.000 en 1899. Insistant ensuite sur l'esprit général des associations, le rapporteur, M. Debernard
montre le triple caractère qu'elles présentent : « récréatif,
instructif et social. » Puis, s'occupant des moyens d'assurer la prospérité des Petites A, les délégués insistent sur
l'importance du rôle de l'instituteur, sur la nécessité de
laisser aux associations une libre initiative, de permettre
à leurs membres changeant de résidence de faire partie
de l'association de leur nouveau domicile (1). Le
Congrès demande de faire participer les Petites A aux
subventions de l'État, des départements et des communes
(par la gratuité du local mis à leur disposition, installa-
tion de bibliothèques, etc.), et déclare opportune la création d'un organe des Petites A.

Quant aux services que peuvent rendre les associations
au point de vue de l'éducation et de l'instruction, les
congressistes réclament l'institution d'une association
auprès de chaque école publique pour diriger l'enfant à

(1) Analogie avec l'art. 8 de la loi du 1er avril 1898 sur les sociétés
de secours mutuels.

sa sortie de l'école, le protéger contre les dangers de la
rue, du cabaret, et accroître, par des conférences, par la
mise à sa disposition d'une bibliothèque, son instruction.
Ils voudraient aussi qu'on contribuât davantage au développement physique par l'organisation de salles de
gymnastique, escrime, etc., (1) qu'on cherchât à accroître
son goût pour les arts, qu'on lui montrât le danger de
l'alcoolisme, etc.

Nous arrivons aux travaux du Congrès intéressant véri-
tablement le sujet que nous traitons : ce sont les services
que l'on peut attendre des Petites A pour les œuvres de
mutualité, de prévoyance, de patronage.

« Le Congrès, considérant que pour le bien général et
« l'avenir du pays, il ne faut négliger aucun moyen de
« diriger l'enfant vers l'école publique ; que la mutualité
« scolaire est, des moyens d'action envisagés ici, le plus
« important,

« Émet le vœu que les instituteurs, que les institutrices
« et les directrices d'écoles maternelles organisent, dans les
« établissements à la tête desquels ils sont placés, des
« associations de mutualité scolaires dites « Petites
« Cavé ».

---

(1) A ce sujet, nous signalons une intéressante communication
de notre professeur, M. Pic, sur la responsabilité civile en cas d'accidents survenus à un membre de l'association ou du dommage
causé à un tiers par un associé ou un préposé. M. Pic conclut à la
négative, estimant à juste titre qu'une association ne saurait être
reconnue civilement responsable du dommage éprouvé par l'un de
ses membres ou par un tiers du fait de l'un de ses membres. L'article 1384 c. c., n'est donc pas applicable, mais comme il reste en
certains cas une menace, le Congrès émet le vœu qu'il soit exigé
des parents des associés une décharge de responsabilité civile pour
la société. — On émet aussi le vœu de voir l'État créer une caisse
d'assurance contre les accidents survenus au sein des Petites A,
assurance à tarif très réduit, vu le peu de risques courus.

Tel est le vœu émis par les délégués au Congrès en ce qui concerne l'institution de la mutualité scolaire dans les écoles primaires.

Empruntant ensuite une des dispositions de la loi sur les sociétés de secours mutuels, les congressistes demandent à ce que les sociétés de secours mutuels scolaires admettent en subsistance les membres appartenant à d'autres sociétés de mutualité scolaire qui viendraient élire domicile dans leur circonscription.

Les membres du Congrès voudraient aussi que dans toute école où fonctionnent une Petite A et une mutualité scolaire, ces associations se mettent en rapport et se prêtent un mutuel appui, et que la Petite A accorde son concours pour la gestion de la section des adolescents et des adultes ; et que là où seule existe la société amicale, elle crée sous ses auspices, de concert avec l'instituteur, une mutualité scolaire et que réciproquement là où la mutuelle scolaire existe seule, sa section d'adolescents et d'adultes se constitue en Petite A.

Le Congrès émet aussi le vœu que les Amicales créent dans leur sein une caisse en participation d'épargne ou dotation, en se conformant à la loi du 1er avril 1898 : puis insistant sur les pièges tendus à l'épargne par l'appât de placements à gros bénéfices, divers membres préconisent plusieurs systèmes de caisses.

M. Edouard Petit dit en terminant son rapport : « Les « caisses d'épargne scolaire et la Petite Cavé sont des « œuvres civilisatrices et moralisatrices au premier chef. « Cependant il y a quelque choses de plus dans la Petite « Cavé. Elle apprend aux enfants ce qu'est la solidarité et « par cela même est supérieure à la Caisse d'épargne. La « diversité des services que l'on attend de l'une et de l'autre

« les recommande à l'infatigable activité du personnel
« enseignant. »

Les congressistes s'occupent ensuite du fonctionnement
particulier des Petites A de jeunes filles, puis se donnent
rendez-vous au Congrès national des Petites A, qu'ils
espèrent pouvoir arriver à organiser, en 1900, à Paris.

DEUXIÈME PARTIE

L'ASSURANCE OBLIGATOIRE A L'ÉTRANGER

CHAPITRE PREMIER

Législation des assurances ouvrières contre la maladie à l'étranger.

§ I. Préliminaires

Plus hardis qu'en France et peut-être aussi dominés par des nécessités plus pressantes, les législateurs ont été amenés, dans la plupart des nations européennes, à chercher dans l'intervention de l'Etat un remède aux infortunes qu'entraînent pour l'ouvrier la maladie et ses conséquences inéluctables.

Ils ont su trouver, sous la forme d'un système général d'assurances, des solutions acceptables pour leur pays et jusqu'à un certain point satisfaisantes bien qu'incomplètes (1).

Notre étude a pour but la recherche des principes qui ont guidé ces législateurs et l'étude du régime légal qu'ils ont adopté. Nous ferons succinctement l'analyse de ce régime, mais suffisamment cependant pour nous permettre plus tard la comparaison entre les conséquences de ces

---

(1) V. *Les lois d'assurances ouvrières*, tome 1er (1892), Assurances contre la maladie à l'étranger, Maurice Bellom.

législations et les résultats que donne en France le régime de nos sociétés de secours mutuels.

De plus, examinant la transformation qu'ont fait subir aux organes préexistants les législateurs des différents pays pour les faire servir au fonctionnement des nouvelles institutions de l'assurance obligatoire, nous verrons dans quelle mesure nos sociétés de secours mutuels sont aptes à une adaptation de cette nature.

§ II. Principes devant présider a l'assurance obligatoire

L'assurance contre la maladie a paru s'imposer en Allemagne et en Autriche, comme complément nécessaire de l'assurance contre les accidents. Il importe d'expliquer ici que l'organisation de l'assurance contre les accidents a distingué nettement les accidents graves amenant soit la mort, soit une incapacité de travail plus ou moins complète, des petits accidents occasionnant seulement une incapacité temporaire assez courte, et a refusé de comprendre ces derniers dans l'assurance contre les accidents proprement dits. Or la maladie et ses conséquences les plus fréquentes présentent avec les petits accidents une analogie telle qu'il a paru possible de les admettre dans un organisme d'assurances commun.

Mais c'est en Suisse que le lien logique des deux assurances accident et maladie a été le mieux compris. Plus loin nous analyserons le rapport présenté au Conseil national sur les projets jumeaux de M. Forrer (1). La corrélation entre les deux risques y est justement affirmée et sa conclusion est : qu'introduire l'assurance-accidents

(1) *Bulletin du Comité des accidents du travail*, année 1897, p. 183.

pour ajourner l'assurance-maladie serait donner une satisfaction bien incomplète à ceux qu'il s'agit de protéger.

Quoiqu'il en soit, l'insuffisance dûment constatée des
résultats obtenus par l'initiative privée a conduit les législateurs étrangers à décréter l'obligation de l'assurance
sous le contrôle et avec la garantie de l'Etat.

Les principes qui les ont guidés sont les suivants :

1° Les cas où l'assurance contre la maladie est appelée
à intervenir étant nombreux et, pris individuellement,
peu importants comme risques financiers, ils réclament
des secours qui, pour être efficaces, doivent être immédiats ;

2° La surveillance devant être sérieuse, active et permanente, si l'on veut éviter l'aggravation du mal, les fraudes
ou les abus, et les risques étant peu élevés, ces risques
peuvent être supportés par un nombre restreint d'assurés :
comme conséquence, les groupements doivent être à la
fois locaux et professionnels, c'est-à-dire être établis entre
ouvriers attachés aux mêmes travaux dans la même région,
afin d'obtenir la similitude des risques et de permettre, en
en confiant la direction aux intéressés eux-mêmes, une
surveillance et un contrôle effectifs ;

3° Les organes chargés de l'assurance contre la maladie
doivent être absolument distincts de tout autre genre
d'assurances, de telle sorte que leurs engagements soient
limités au temps, où l'assuré habite leur ressort et en
dépend.

Autre chose, en effet, est le rôle des caisses chargées
d'assurer des pensions à l'ouvrier devenu invalide ; leur
organisation exige un nombre beaucoup plus considérable
d'assurés et, dès lors, un ressort plus étendu.

Enfin, le caractère obligatoire de l'assurance-maladie
entraîne nécessairement la participation obligatoire de

l'employé et de l'employeur aux charges qui en sont la conséquence. L'assurance doit reposer, en effet, sur un effort individuel de l'assuré proportionnel à ses facultés et au sacrifice exigé du patron pour compléter cet effort, parce-qu'il a le devoir d'aider celui qui use ses forces à son service et qu'il a, dans beaucoup de cas, une part de respon-sabilité dans les maladies que ses employés contractent.

§ III. Nature et étendue de l'assurance

Ces principes établis, les législateurs allemands et autri-chiens se sont demandé quelles devaient être la nature, l'étendue et la forme de l'obligation et quels devaient être les organismes locaux chargés du service de l'assurance.

Ils ont pensé : 1° que l'obligation devait se borner à imposer l'assurance à l'ouvrier en lui laissant la liberté d'option pour contracter à la caisse qu'il choisirait, à la seule condition qu'elle soit organisée suivant les prescrip-tions de la loi ; 2° que l'obligation devait s'étendre à tous les ouvriers de l'industrie, l'assurance restant facultative pour les ouvriers agricoles ; 3° que l'obligation devait porter sur le patron, tenu à assurer tout ouvrier entré à son service et à payer les cotisations qu'il retiendrait sur les salaires.

Les organisations locales chargées de l'assurance peuvent être des établissements préexistants, tels que les syndicats corporatifs ou les associations mutuelles, ou bien les organes nouveaux résultant des groupements professionnels et régionaux.

Certaines difficultés surgissaient cependant, résultant souvent du nombre trop restreint d'ouvriers de même profession et, partant sujets aux mêmes risques dans un lieu déterminé, et d'autre part, certaines entreprises, comme les constructions ou les travaux publics, sont de durée si courte qu'il paraissait difficile de comprendre leurs ouvriers dans un groupement local, sans risquer de le désorganiser.

Pour résoudre ces difficultés, il a paru nécessaire, dans le premier cas, de modifier en les étendant, les circonscriptions locales et dans le second de créer des organes spéciaux pour les grandes entreprises à courte durée.

Mais, indépendamment du fonctionnement des services de l'assurance, les législateurs qui ont adopté son obligation, ont réparti les charges de l'assurance entre le patron et ses ouvriers et admis ces derniers à l'administration de la caisse commune avec le concours du patron, sous le contrôle de l'Etat.

§ IV. Pays soumis a l'obligation de l'assurance ouvrière contre la maladie.

L'Allemagne, l'Autriche, la Hongrie et la Suisse ont adopté l'assurance obligatoire contre la maladie.

La Russie, le Danemark, les Pays-Bas, la Suède et la Norwège ont mis la question à l'étude.

CHAPITRE II

L'Allemagne.

§ I. Historique.

La loi industrielle allemande du 21 juin 1869 s'appliquant à la Confédération de l'Allemagne du Nord, a été modifiée les 17 juillet 1878, 23 juillet 1879, 18 juillet 1881, 1er juillet 1884, 8 décembre 1884, 23 avril 1886, 6 juillet 1887 et 1er juin 1891. C'est un véritable code industriel en 155 articles. Il n'y est question qu'accessoirement des secours

contre la maladie, sauf dans la loi du 18 juillet 1881 qui
réglemente les caisses des corporations en faveur des
ouvriers et apprentis. Mais parallèlement aux lois sus
datées, une loi du 6 juin 1870 sur les sociétés de bienfaisance, une autre du 7 avril 1876 sur les caisses de secours
réglementaient l'assurance contre la maladie, jusqu'à la loi
du 15 juin 1883, qui a fait place à la loi du 10 avril 1892,
entrée en vigueur le 1ᵉʳ janvier 1893, et l'est encore.

La loi du 7 avril 1876 donnait une base légale, sous le
nom de caisses inscrites, aux caisses libres existantes et la
loi du 8 avril 1876 donnait aux communes le droit
d'imposer, aux ouvriers des fabriques, l'assurance obligatoire par l'intermédiaire de ces caisses.

Cependant le petit nombre de communes qui usèrent de
ce droit démontra l'inefficacité des mesures adoptées. Un
projet du gouvernement du 8 mars 1881, spécial à l'assurance contre les accidents était alors présenté ; il excluait
du bénéfice de l'assurance les 4 premières semaines d'incapacité de travail, mais annonçait que cette lacune dispa-
raitrait par une révision de la législation sur les caisses
spéciales aux maladies. Ce sont ces projets qui, remaniés,
devinrent la loi du 15 juin 1883.

C'est cette loi du 15 juin 1883, qui, la première, organisa
en Allemagne l'assurance obligatoire contre la maladie
pour les ouvriers de l'industrie proprement dite. Une
seconde loi du 1ᵉʳ juin 1884 régularisa le régime des caisses
libres préexistantes. La troisième, du 28 mars 1885, a étendu
le bénéfice de l'assurance à d'autres catégories d'ouvriers,
elle a trait à l'assurance contre la maladie, et à l'assurance
contre les accidents.

Enfin la loi du 5 mai 1886 s'applique aux ouvriers agricoles et forestiers, elle a trait, comme la précédente, à la
maladie et aux accidents.

Un projet de loi modifiant la loi de 1883 a été présenté au Reichstag le 22 novembre 1890 ; il a abouti à la loi votée le 10 avril 1892.

Nous analyserons ces diverses lois.

§ II. Personnes obligées a l'assurance. — Personnes pouvant s'assurer facultativement et personnes exclues de l'assurance.

L'article 1er de la loi du 15 juin 1883 oblige à s'assurer contre la maladie les personnes occupées moyennant traitement ou salaire :

1° Dans les usines, salines, ateliers mécaniques, carrières, fabriques, chemins de fer, navigation fluviale à vapeur et dans les chantiers de constructions navales ou terrestres ;

2° Dans les métiers et autres entreprises permanentes d'un caractère industriel ;

3° Dans les industries où il est fait usage de chaudières, de moteurs actionnés par des forces élémentaires, vent, eau, vapeur, gaz ou air, à moins que l'usage du moteur soit passager et ne dépende pas de l'établissement. Sont exceptés les ouvriers dont l'emploi n'est que passager, c'est-à-dire quand leur contrat de travail a une durée inférieure à la semaine. Sont exceptés les ouvriers agricoles et forestiers, et certaines catégories d'employés.

Les communes peuvent pour leur circonscription étendre l'obligation de l'assurance à quelques catégories d'employés ou d'ouvriers exceptés par l'article 1er et notamment aux ouvriers agricoles et forestiers.

Enfin l'article 26 confère aux caisses locales le droit d'admettre à l'assurance des personnes non visées dans les articles précédents, tels que les commissionnaires et les domestiques.

Par contre la loi de 1885 exclut de l'assurance :

1° Les militaires et assimilés ;

2° Les personnes occupées dans des établissements publics qui ont droit pour 13 semaines au moins à la continuation de leur salaire ou à une assistance équivalente au secours légal et enfin les détenus et tout individu non salarié.

Sont dispensés de droit de l'assurance les employés de l'État ou des communes recevant un salaire fixe.

Sont dispensées, sur leur demande, les personnes ayant droit, pour 13 semaines. aux soins dans la famille du patron ou à la continuation de leur salaire.

§ III. Les caisses de secours.

L'assurance mutuelle contre la maladie existait en Allemagne, longtemps avant la législation actuelle, qui en a respecté le principe.

On a même admis dans leur forme préexistante :

1° Les caisses libres d'associations ouvrières, anciennes sociétés de secours mutuels, administrées exclusivement par leurs membres et réglementées par la loi du 7 avril 1876 sous le nom de *Caisses inscrites* ;

2° Les Caisses de corporations instituées par la loi de 1881 ;

3° Et enfin les caisses minières créées sous la législation spéciale des différents États allemands.

De plus, la loi a rendu obligatoire :

1° Pour les communes l'institution des caisses locales dont le type existait antérieurement, créées pour les ouvriers du district soit par les communes, soit sous leur surveillance ;

2° Pour les patrons l'institution de caisses de fabrique, telles que beaucoup, du reste, avaient été fondées antérieurement pour leurs ouvriers par quelques grands industriels. Et le législateur a obligé à s'affilier à l'une ou à l'autre de ces deux caisses les ouvriers ne faisant pas partie de l'une des trois premières.

Mais, comme dans certaines communes, le nombre d'assurés est trop restreint pour permettre le fonctionnement d'une caisse locale, la loi a imposé l'*assurance communale* à toutes les communes qui ne pourvoient pas autrement à l'assurance ouvrière. Ce n'est plus alors une caisse, c'est la commune elle-même qui fait face à la répartition des secours moyennant une contribution imposée à l'ouvrier.

C'est ainsi que l'assurance contre la maladie a été réalisée en Allemagne au moyen de quatre types d'organes distincts :

L'assurance communale ;

Les caisses locales ;

Les caisses industrielles ;

Et les caisses libres.

Il existe en plus sous le nom de caisses d'entreprises de construction des institutions créées pour la durée de l'entreprise. Elles entrent du reste dans la catégorie des caisses industrielles, qui comprennent en outre les caisses de fabrique, que doit fonder tout patron occupant plus de 50 ouvriers, les caisses minières et les caisses de corporation.

En résumé, il y a en Allemagne huit organes principaux, tant anciens que nouveaux, chargés du service de l'assurance contre la maladie, nous les étudierons à tour de rôle.

8

§ IV. Objet et bénéfices de l'assurance

L'Assurance a pour objet essentiel de fournir des secours à l'ouvrier malade et éventuellement de pourvoir à l'assistance des femmes en couches et au paiement des frais funéraires.

L'importance des secours varie avec l'institution qui a la charge de l'assurance.

1° L'assurance communale (1) fournit les soins médicaux et pharmaceutiques dès le début de la maladie et, s'il y a incapacité de travail, la moitié du salaire moyen du manouvrier de la localité à partir du 3ᵉ jour.

La durée des secours est de 13 semaines à compter du début de la maladie.

2° Les caisses locales fournissent pour la maladie les mêmes secours et pour la même durée, mais le taux du salaire est la moyenne de celui des ouvriers appartenant à la catégorie de l'assuré. Elles fournissent en plus pour les accouchements les mêmes secours pendant trois semaines et en cas de décès une indemnité égale à vingt fois le salaire journalier moyen des manouvriers de la localité.

3° Les caisses de fabrique (2), mêmes dispositions que pour les caisses locales, sauf que les statuts peuvent fixer l'indemnité pécuniaire à un quantum pour cent du salaire réel de l'assuré pourvu que ce salaire ne dépasse pas quatre marks par jour.

4° Les caisses d'entreprises de constructions (Baukrankenkassen) et 5° les caisses de métier (Innungskrankenkassen). Ces deux caisses industrielles sont soumises aux mêmes dispositions que les caisses de fabrique. (Nous verrons que les dispositions qui précèdent ont été maintenues dans la loi de 1892).

(1) Loi de 1883, article 6.
(2) Loi de 1883 article 64.

6° *Les caisses libres inscrites* qui doivent, pour jouer le rôle d'organes d'assurance obligatoire au sens de la loi de 1883, allouer des secours au moins égaux à ceux prescrits pour la caisse communale. Mais, par une disposition spéciale, elles peuvent ne pas accorder la gratuité du traitement en allouant une indemnité pécuniaire égale aux trois quarts du traitement moyen du manouvrier de la localité (1). Le législateur avait renoncé à imposer la gratuité des soins médicaux et pharmaceutiques à des sociétés dont les membres peuvent être dispersés loin du siège de l'institution.

La loi de 1884 article 12 prévoit cependant le cas où les sociétés libres peuvent allouer la gratuité des soins des secours de convalescence, des secours aux femmes en couches et aux membres de la famille des assurés et enfin une indemnité funéraire égale à dix fois le secours hebdomadaire.

7° *Les caisses libres d'États particuliers* (Landesrechtliche hülfskassen) qui restent soumises sous certaines conditions aux dispositions légales de leur contrée d'origine ;

8° Et enfin *les caisses minières* qui ne sont autres que les anciennes caisses de secours pour les ouvriers mineurs soumises à la législation spéciale de chaque état.

Dans le paragraphe suivant, nous décrirons pour chacun des offices que nous venons d'énumérer les conditions mêmes de leur institution ; avant d'en aborder le détail nous devons faire une observation générale.

Pour tous, la loi allemande déclare le droit aux secours incessible et insaisissable. Le patron ne peut pas s'affran-

---

(1) Ce supplément d'indemnité pécuniaire a été reconnu depuis absolument insuffisant pour couvrir les frais de maladie. Les statistiques des autres caisses depuis 1883 démontrent surabondamment cette insuffisance. Aussi la loi de 1892 a-t-elle modifié cet article.

chir des obligations que la loi lui impose et l'ouvrier ne peut pas renoncer à son droit. Tout contrat dans ce sens est nul de plein droit.

La loi confère aux communes pour l'assurance communale le droit de frapper de déchéance partielle ou totale de l'indemnité pécuniaire tout assuré qui a provoqué la maladie soit intentionnellement, soit par ivresse, rixe ou débauche et peut imposer à l'assuré un stage maximum de six semaines avant d'avoir droit aux secours.

Toutes les caisses d'assurances peuvent adopter statutairement les mêmes mesures.

§ V. DE L'INSTITUTION DE L'ASSURANCE COMMUNALE ET DES DIFFÉRENTES CAISSES.

1° *Assurance communale.*

L'assurance communale étant instituée, à défaut d'autres caisses, en faveur des ouvriers obligés à l'assurance et non affiliés à l'une des caisses prévues par la loi, tout patron doit déclarer à l'autorité communale l'entrée dans ses ateliers de chaque ouvrier non affilié, dans les trois jours de son arrivée et sa sortie dans les trois jours de son départ. Aux termes du statut type pour cette assurance, la déclaration doit, outre les nom et prenoms de l'assuré et la date de son entrée, contenir la nature de son travail et son salaire réel.

Les communes qui ne comptent pas cinquante affiliés à l'assurance communale et celles dont les comptes annuels ont établi que malgré l'élévation de la cotisation des affiliés à 2 o/o du salaire moyen des manouvriers de la localité, les autres ressources communales doivent être mises à contribution, peuvent former entre elles une association.

2° *Caisses locales.*

Pour former une caisse locale une commune doit comprendre cent travailleurs soumis à l'obligation de l'assurance ; mais les caisses locales devant en principe comprendre les ouvriers d'une même industrie, lorsque chaque industrie ne comprend qu'un nombre inférieur à ce chiffre, l'autorisation de l'administration supérieure est nécessaire pour réunir dans une même caisse ces ouvriers divers. Au contraire, si le nombre des assurés est égal ou supérieur à cent, l'institution d'une caisse unique n'est possible qu'après le consentement des intéressés ; si ces derniers s'y opposent l'autorité administrative supérieure est appelée à se prononcer. C'est à cette même autorité que l'article 17 de la loi confère le droit d'imposer aux communes l'obligation de créer une caisse locale pour les individus appartenant à un même genre d'industrie, si la majorité des intéressés le demande, ou une caisse unique pour plusieurs industries, si la majorité l'exige. La décision est susceptible d'appel devant l'autorité centrale.

Les associations locales comprises dans la même circonscription administrative ont le droit de s'associer entre elles pour choisir un comptable commun, faire des contrats communs avec les médecins, les pharmaciens, etc.., établir des établissements pour leurs assurés malades, de manière à réduire le plus possible les frais d'administration et de traitement des malades.

3° *Caisses de fabriques.*

Tout patron de plus de cinquante ouvriers soumis à l'obligation, a droit et peut être obligé à la création d'une caisse de fabrique. Il peut même y être contraint ou autorisé, quel que soit le nombre de ses ouvriers si son exploitation expose les ouvriers à des risques exceptionnels de maladie. Le statut type des caisses de fabrique prévoit un examen médical qui rend possible un droit d'entrée à payer par l'ouvrier dont l'état de santé est anormal ou quand son âge dépasse quarante-cinq ans.

4° *Caisses d'entreprises de constructions.*

Les chefs d'entreprise de travaux de construction sont tenus à la création de caisses, si le nombre de leurs ouvriers est important, c'est à dire suffisant au fonctionnement régulier d'une caisse. La loi distingue entre le chef d'entreprise et l'entrepreneur proprement dit. L'obligation peut passer du premier au second, si l'autorité reconnait à ce dernier une responsabilité efficace.

Les autres dispositions de caisses de fabriques s'appliquent aux caisses d'entreprises.

5° *Caisses de corporations ou de métiers.*

Ces caisses sont régies par le titre VI de loi industrielle du 18 juillet 1881.

Les corporations peuvent instituer des caisses de secours pour leurs membres, leurs familles, leurs aides et apprentis en cas de maladie, de mort, d'incapacité de travail et autres infortunes. Un statut type règle les dispositions de ces caisses. Il doit être distinct de celui de la corporation. Indépendamment de ce statut, la loi a laissé subsister les prescriptions relatives à l'affiliation à la caisse. L'obligation ne résulte que du statut de la corporation et du contrat de travail. La loi de 1883 exclut, du droit de recourir à l'assurance communale, les personnes assujeties à cette obligation ; par contre, le membre d'une caisse de corporation peut continuer à en faire partie, même si par le fait d'un changement d'occupation, il devrait s'affilier à une caisse de fabrique. Les associations de caisses de corporation entre elles ne sont pas autorisées.

6° et 7° Les *caisses libres* sont les anciennes caisses de secours fondées par la seule initiative des ouvriers.

Ces caisses ont pour objet l'assurance mutuelle contre la maladie. Pour obtenir la reconnaissance officielle, leurs statuts doivent être soumis aux autorités communales et aux autorités supérieures.

Cette reconnaissance est nécessaire pour que ces caisses puissent jouer le rôle d'assurance obligatoire.

Toute caisse libre doit de plus avoir des statuts contenant les dispositions suivantes :

1º Indication du nom, du siège et de l'objet de la caisse ;
2º Conditions d'admission et de sortie ;
3º Fixation du taux des cotisations ;
4º Conditions d'allocation des secours ;
5º Conditions de direction et d'administration ;
6º et 7º Règles relatives aux modifications des statuts et à l'emploi de l'actif en cas de dissolution ;
8º Enfin les conditions d'établissement de vérification du compte annuel.

Les statuts ne doivent rien contenir d'étranger à l'objet de la caisse ni de contraire aux prescriptions de la loi. Ils doivent du reste être soumis à l'autorité.

Telles sont les conditions essentielles exigées des caisses libres pour pouvoir fonctionner comme organes d'assurance obligatoire. Elles sont utiles à retenir, parce que ces caisses étaient, ainsi que les caisses de corporation, les organes préexistant à l'institution de l'assurance obligatoire et que cette analogie avec les sociétés de secours mutuels françaises présente un sérieux intérêt pour le rôle que nous proposerons d'attribuer à ces dernières, dans la législation qu'introduira chez nous l'obligation de l'assurance.

Pour les mêmes raisons, cet intérêt s'étend à la disposition de la loi allemande autorisant les associations des caisses libres entre elles : disposition dont il sera parlé plus loin.

8° *Caisses minières.*

Leurs statuts doivent assurer aux affiliés des secours aux moins égaux à ceux des caisses de fabrique.

CHAPITRE III

Loi allemande du 10 avril 1892.

§ 1. — PERSONNES OBLIGÉES A S'ASSURER.

Avant d'entrer dans le détail des dispositions de la loi de 1892, il convient d'observer combien déjà était remarquable la législation qu'elle a été appelée à modifier. On ne sait ce qu'il faut le plus admirer de la flexibilité de l'institution, de la variété des moyens adoptés ou de la faculté laissée à chacun de se soustraire à la direction de l'État en s'affiliant à l'organe d'assurance de son choix, ou encore de cette qualité, caractéristique du système qui a fait son succès, la décentralisation.

La loi allemande du 10 avril 1892 actuellement en vigueur a reproduit en grande partie les dispositions que nous avons signalées, comme édictées par les législations antérieures. L'analyse qui va suivre, se bornera à indiquer les articles de la nouvelle loi, qui diffèrent de ceux des lois antérieures, et aussi les articles qui ont trait aux stipulations des anciennes lois que nous avons omises.

L'article 1er de la loi du 10 avril 1892 ajoute à la nomen-
clature (1) des personnes occupées moyennant un traitement ou salaire soumises à l'obligation de l'assurance,
celles (2) *occupées dans les études des avoués, des notaires et
huissiers, dans les bureaux des caisses de maladie, des corporations et des établissements d'assurance* (3).

La rédaction de la première partie de l'article 2 de la
loi de 1892 est complètement nouvelle; celle de la deuxième
partie a été en partie modifiée : Article 2 *a*). « L'application
des prescriptions de l'article 1er peut être également étendue
aux personnes occupées dans les établissements ou au
service de l'Empire ou d'un État, que des dispositions
législatives ne soumettent pas déjà à l'obligation de l'assurance contre la maladie. L'extension a lieu par ordre du
chancelier de l'Empire ou de l'autorité centrale. »

Article 2 *b*). « Les employés, contremaîtres et agents
techniques, ouvriers et apprentis de commerce, ainsi que
les personnes qui tombent sous le coup de l'application
de l'article 1er (§ I n° 2 *a*) ne sont soumis à l'obligation de
l'assurance que lorsque leur traitement ou leur salaire ne
dépasse pas 6 marks 2/3 par journée de travail ou 2.000

---

(1) Voir *Supra*, ch. 11, § 11.
(2) Art. 1, § 2a.
(3) Le second alinéa du § 111 du même article 1er, contient la
disposition suivante : « Doivent (à l'exception des commis et
« apprentis des pharmacies) être assurées contre la maladie les
« personnes énumérées aux paragraphes 2 et 6 de l'art. 2, à moins
« que leur occupation ne soit passagère, par la nature même de son
« objet, ou qu'elle n'ait été limitée d'avance par le contrat de
« travail à une durée de moins d'une semaine.
« Il en est de même des personnes qui sont occupées, moyennant
« un traitement ou un salaire, dans l'exploitation technique des
« administrations des Postes et Télégraphes, ainsi que dans les éta-
« blissements des administrations de la Guerre ou de la Marine et qui
« ne sont point déjà assujetties à l'obligation de l'assurance contre
« la maladie en vertu des dispositions qui précèdent.
« Les équipages des navires de mer auxquels s'appliquent les

marks par an, si le traitement ou le salaire est fixé par périodes plus considérables.

« Il en est de même des autres personnes tombant sous le coup de l'application des articles 2, si elles sont des employés. »

§. II. — DISPENSÉS.

L'article 3 qui traite des cas de dispenses de l'obligation à l'assurance est entièrement nouveau comme rédaction ; il mérite d'être transcrit en entier :

« Les personnes appartenant à l'état militaire, ainsi que celles qui sont occupées dans les établissements ou au service de l'Empire, d'un état ou d'une association communale, qui, en cas de maladie, ont le droit de leur réclamer la continuation de leur traitement ou salaire pour treize semaines au moins à dater du début de la maladie, ou un secours correspondant aux dispositions de l'article 6, doivent être exceptées de l'obligation de l'assurance. »

« prescriptions de l'ordonnance du 27 décembre 1872, ne sont point « soumis à l'obligation de l'assurance.

« Les commis et apprentis de commerce ne sont soumis à l'obli-« gation de l'assurance que si les droits qui leur appartiennent en « vertu de l'article 60 du code de commerce allemand sont supprimés « ou restreints par voie de contrat. »

Les tantièmes et rémunérations en nature sont, au sens de la loi, assimilés aux traitements et salaires. C'est leur valeur moyenne, fixée administrativement, qui entre en compte.

L'article 2 de la nouvelle loi est ainsi conçu :

« Une commune pour sa circonscription ou une association « communale peut étendre l'application de l'article 1er (c'est-à-dire « l'obligation de l'assurance) : 1° aux personnes dont l'occupation « est passagère par son objet ou limitée par le contrat à moins d'une « semaine ;

« 2° Aux personnes occupées dans les entreprises communales et « au service des communes, auxquelles l'application de l'article 1er

Il tombe, en effet, sous le sens que la catégorie d'individus dispensés par l'article qui précède n'a nul besoin de secours, qui feraient double emploi avec ceux qu'ils reçoivent d'autre part, et qu'il serait inique de les soumettre à payer une cotisation dont ils ne pourraient tirer aucun avantage.

Art. 3 a.) Doivent être sur leur demande dispensées de l'obligation :

1° Les personnes qui par suite de blessures, d'infirmités, de maladie chronique ou de vieillesse, n'ont qu'une capacité de travail partielle ou temporaire, si la société de bienfaisance, obligée de les secourir, consent à la dispense ;

2° Les personnes qui, en cas de maladie, peuvent réclamer à leur patron, un secours correspondant ou équivalent aux prescriptions de l'article 6, pourvu que le patron présente toutes les garanties désirables au point de vue de cette obligation.

Si la demande de dispense est repoussée par l'administration de l'assurance communale ou par le comité direc-

---

« n'est pas étendue par d'autres dispositions de la législation de
« l'Empire ;

« 3° Aux membres de la famille d'un chef d'entreprise dont l'occu-
« pation dans l'entreprise ne résulte pas de la conclusion d'un
« contrat de travail ;

« 4° Aux industriels travaillant dans des ateliers qui leur appar-
« tiennent, sur l'ordre et pour le compte d'autres industriels et cela
« même dans le cas où ils fournissent eux-mêmes les matières
« premières et matières accessoires et même pour la période pendant
« laquelle ils travaillent à titre temporaire pour leur propre compte ;

« 5° Aux commis et apprentis de commerce non assujettis à l'assu-
« rance en vertu de l'article 1er ;

« 6° Aux ouvriers et employés occupés dans les travaux agricoles
« ou forestiers. »

Les dispositions statutaires que peuvent à cet égard prendre les communes sont soumises à l'homologation de l'autorité administrative et publiées dans la forme prescrite pour les notifications des autorités communales.

teur de la caisse de maladie à laquelle devrait appartenir l'auteur de la demande, l'autorité de surveillance statue à titre définitif sur l'appel du postulant.

Dans le cas prévu au n° 2. la dispense accordée n'est valable que pour la durée du contrat de travail ; elle cesse dans les cas suivants avant la fin du contrat :

a) Si elle est suspendue par l'autorité de surveillance à raison de l'insuffisance de garantie du patron.

b) Si le patron déclare pour l'assurance contre la maladie la personne dispensée. La déclaration n'est pas valable si la personne dispensée était malade à l'époque où elle a été effectuée.

Si le patron ne remplit pas les obligations qui lui incombent en cas de maladie, la personne dispensée reçoit, sur sa demande, les secours légaux ou statutaires de l'assurance communale ou de la caisse de maladie à laquelle elle aurait dû appartenir en l'absence de dispense. Les dépenses définitives doivent être remboursées par le patron.

Art. 3 *b*. — Doivent être, sur la demande du patron, dispensés de l'obligation de l'assurance, les apprentis qui, en cas de maladie survenue pendant la durée du contrat d'apprentissage. peuvent exiger du patron le traitement et les soins gratuits à l'hôpital pour la durée fixée à l'article 6 (§ 2). Il en est de même des personnes qui, en cas de chômage, sont occupées dans les établissements de bienfaisance, ayant pour objet de procurer momentanément du travail aux gens en chômage (colonies ouvrières, etc., etc.), et cela sous une forme qui motive l'obligation de l'assurance.

Un des traits caractéristiques de la loi de 1892 est la faculté, conférée aux communes, d'étendre le champ d'application de l'obligation de l'assurance. Ainsi les ouvriers indépendants qui travaillent pour le compte d'autrui dans des ateliers leur appartenant en propre, à la fabrication de produits industriels peuvent être assujettis, par voie statutaire, à l'obligation de s'assurer même s'ils fournissent les matières premières. Il en est ainsi pour les ouvriers de passage, pour les auxiliaires ou apprentis et pour les ouvriers agricoles et forestiers. De même, la commune peut assujettir à l'assurance les memebrs de la famille du chef de l'entreprise qui n'y sont pas déjà obligés par un contrat de travail, et pour donner plus d'extension à cette disposition, le législateur a substitué au mot industriel, qui avait été proposé, le terme plus général de chef de famille.

Enfin tout en conservant aux personnes indiquées dans la loi de 1883 la faculté de s'affilier aux caisses communales, la loi de 1892 (article 4 § 2), confère aux communes le droit d'admettre des personnes autres que celles dénommées aux articles 1 à 3, pourvu que leur revenu annuel n'excède pas 2.000 marks.

Les dispositions des paragraphes 2 à 4 de l'article 3 a), s'appliquent, dans la mesure convenable.

En réalité, toutes ces dispositions sont tout à fait sages. Nous ferons cependant remarquer la tendance de la législation allemande à entrer dans les détails les plus minutieux et les plus longs, alors qu'une disposition simple et générale aurait suffi dans la plupart des cas.

§ III. Organisation et étendue des secours

La loi nouvelle s'occupe ici de l'organisation de l'assurance et des divers types des caisses qui en ont la charge. Nous avons décrit toute cette organisation dans l'analyse de la loi de 1883 ; rien d'essentiel n'y a été changé.

Nous insisterons cependant sur la nature, le taux et la durée des secours, visés par la loi de 1883 et reproduits par la loi de 1892 dans son *article* 6. Ces secours sont de trois sortes :

1° Soins du médecin ;

2" Médicaments, y compris bandages, appareils, besicles et moyens thérapeutiques ordinaires ;

3" Et à dater du troisième jour de maladie, s'il y a incapacité de travail, un secours en argent, égal pour chaque jour, à la moitié du salaire quotidien moyen des manouvriers de la localité.

Ces secours cessent au plus tard à l'expiration de la treizième semaine, à compter du commencement de la maladie (1).

La loi de 1892 ajoute : et en cas d'incapacité de travail, au plus tard à l'expiration de la treizième semaine *qui suit le début de l'allocation du secours pécuniaire*. Si l'allocation du secours pécuniaire ne cesse qu'après l'expiration de la treizième semaine qui suit le début de la maladie, le droit aux autres secours s'éteint en même temps que cesse le secours pécuniaire.

Cette addition a pour effet d'augmenter le maximum de la durée possible des secours (2).

(1) L'accident professionnel en Allemagne comme en Autriche, ne donne lieu à une indemnité qu'après que l'incapacité de travail a dépassé une certaine durée, treize semaines en Allemagne, quatre en Autriche. Pendant ce délai, c'est aux caisses d'assurances contre la maladie qu'incombe l'indemnité pécuniaire à servir.

(2) Depuis que cette faculté a été conférée aux diverses caisses, la moyenne de durée des secours dans les caisses organisées n'a pas dépassé dix-sept semaines. Il faut toutefois remarquer dans les cas de maladies consécutives ou celles de longue durée, l'intervention de l'assurance contre l'invalidité et la vieillesse, qui doit, aux termes du § 10, de la loi qui la régit, payer la rente-invalidité lorsqu'un malade est incapable de travail pendant un an sans interruption. Dans ce cas, la caisse d'assurance-maladie à laquelle appartient le malade lui fournit jusqu'à l'expiration de l'année tous les secours utiles. L'année accomplie, l'assurance-invalidité rembourse la caisse de maladie de ses avances.

Lorsqu'il s'agit de maladies que les intéressés ont contractées soit volontairement, soit par leur faute, en se mêlant à des batailles, à des rixes, soit encore par ivrognerie ou par débauche, les communes peuvent faire supprimer tout ou partie des secours pécuniaires.

L'article 7 décide qu'aux secours prescrits par l'art. 6, peut être substitué le *traitement gratuit dans un hôpital*,

1° Pour les individus mariés ou les membres d'une famille avec leur consentement ou même sans leur consentement, lorsque la maladie exige des soins qu'ils ne peuvent pas recevoir dans leur famille ;

2° Pour tous les autres malades.

Si le malade traité à l'hôpital a une famille qu'il entretenait au moyen de son salaire, il reçoit la moitié du secours pécunaire défini à l'article 6.

L'assurance communale n'alloue pas d'indemnité funéraire.

Il est stipulé plus loin que les caisses locales doivent accorder au minimum, en cas de maladie, les secours prévus aux articles 6 et 7 qui peuvent être augmentés comme taux, et comme durée peuvent être portés de treize semaines à un an.

La loi de 1892 porte à quatre semaines au lieu de trois, après leur délivrance, le droit aux secours pour les femmes en couches, appartenant aux caisses locales, ce délai peut être porté à six semaines. Aux malades des caisses locales, soignés à l'hôpital, elle permet d'allouer le huitième du salaire, même à ceux qui n'ont pas de parents à entretenir.

Pour les caisses de fabrique et d'entreprises de construction, la nouvelle loi autorise l'insertion, dans les statuts, d'une clause prescrivant que la cotisation et les secours seront fixés suivant un tantième du salaire réel de l'assuré au lieu du tantième du salaire moyen, à la condition que le salaire ne dépasse pas 4 marks par jour.

Quant aux caisses de métiers, la loi de 1892, comme celle de 1883 leur applique les mêmes prescriptions qu'aux caisses locales, mais la loi de 1892 leur donne la faculté de décider que le secours en argent sera payé dès le début de la maladie, en supprimant le délai de trois jours ; elle les autorise également à payer ce secours les dimanches et autres jours fériés.

Sur un autre point aussi, la loi de 1892 a modifié celle de 1883. Le principe admis est bien resté le même en ce qui touche la répartition des assurés entre les diverses caisses, c'est-à-dire que l'obligation de l'assurance se divise entre l'obligation de contracter à la caisse obligatoire (Zwangskasse) et l'obligation qui consiste simplement à être assuré à l'une des caisses satisfaisant aux prescriptions légales (Kassenzwang).

Dans le premier cas, on n'a pas le droit de choisir la caisse d'assurance, et dans le second, on jouit de ce droit.

La loi de 1892 a limité ce droit plus étroitement que l'ancienne loi. Elle énumère explicitement dans son article 19 (ce que ne faisait pas la loi de 1883), les catégories de caisses dont il faut faire partie pour être dispensé d'appartenir à la caisse locale ; ce sont les caisses de fabriques, d'entreprises de construction, de métiers, les caisses minières ou caisses libres satisfaisant à la loi.

§ IV. COMMENT S'ALIMENTENT LES DIFFÉRENETS CAISSES DE L'ASSURANCE CONTRE LA MALADIE ?

Les caisses s'alimentent :

1° Par les cotisations des assurés :

2° Par les contributions fournies par les patrons ;

3° Par les droits d'entrée payés par les assurés au moment où ils deviennent membres de la caisse.

A l'exception des caisses libres, fondées par les ouvriers seuls et qui ne perçoivent que les cotisations de leurs membres, les ressources des autres caisses proviennent pour un tiers des cotisations des patrons et pour deux tiers des cotisations des ouvriers ; les caisses perçoivent en plus, des droits d'entrée excepté dans l'assurance communale où cette perception est interdite.

1° *Assurance communale.*

Dans cette dernière, à moins de décision spéciale, la commune doit percevoir au maximum 1,5 o/o du salaire moyen de la localité : toutefois ce quantum peut être porté en cas d'insuffisance dûment constaté à 2 o/o de ce salaire, mais si, au contraire, les recettes provenant des cotisations dépassent d'une manière constante les dépenses, les cotisations sont d'abord ramenées au taux de 1,5 o/o et si l'excédent des recettes persiste, la commune décide qu'il y a lieu, soit à une réduction de la cotisation, soit à une augmentation de secours (articles 9 et 10).

2° *Caisses locales.*

Le taux de cotisation ne peut pas, en raison des conditions si différentes de fonctionnement de ces caisses, être déterminé à l'avance. Les cotisations sont établies de manière que, ajoutées aux autres ressources, elles permettent de suffire à toutes les exigences. Elles peuvent établir un droit d'entrée.

Ce droit d'entrée ne doit pas excéder le montant de la cotisation pendant six semaines.

Le taux des cotisations est limité à un maximum de

9

2 o/o pour l'ouvrier, et comme conséquence à 1 o/o pour le patron, du montant du salaire moyen.

Il peut être statutairement établi que les patrons qui n'emploient ni chaudière à vapeur, ni moteur actionné par une force élémentaire et qui n'occupent pas plus de deux ouvriers sont dispensés de toute contribution aux cotisations.

Les patrons sont tenus de verser le montant des cotisations de leurs ouvriers et par suite autorisés à les retenir sur les salaires.

3° Caisses de fabrique.

Au point de vue des recettes, ces caisses ne diffèrent des caisses locales que dans la faculté que la loi leur confère de fixer le taux de la cotisation en centièmes du salaire réel de chaque assuré, si ce salaire ne dépasse pas 4 marks par jour, au lieu de le fixer au prorata du salaire moyen. Dans les deux cas, le maximum de la cotisation de l'ouvrier est fixé à 3 o/o et si les recettes ainsi constituées ne suffisent pas à fournir les secours légaux, le chef d'entreprise est tenu de payer la différence de ses propres deniers.

4° Caisses d'entreprises de construction.

Ces caisses sont soumises à la réglementation des caisses de fabrique en ce qui concerne les cotisations.

5° Caisses de métiers.

Elles sont soumises au régime des caisses locales.

6° et 7° Caisses libres.

Les cotisations et les droits d'entrée sont établis par les statuts dans les conditions librement consenties par les adhérents.

8° *Caisses minières.*

La loi ne fixe pas le quantum des cotisations. Elles peuvent établir des droits d'entrée, sauf sur leurs membres nouveaux qui n'ont cessé de faire partie d'une autre caisse de maladie que depuis moins de treize semaines.

§ V. De la constitution d'un fonds de réserve.

La constitution d'un fonds de réserve est obligatoire pour certains types de caisses et facultative pour les autres.

1° Dans l'*assurance communale* tout excédent de recettes non employé aux remboursements des avances de la commune doit être en premier lieu et obligatoirement consacré à la constitution d'un fonds de réserve, jusqu'à ce qu'il ait atteint une valeur égale à la moyenne annuelle des dépenses des trois dernières années.

2° et 3° *Dans les caisses locales et dans les caisses de fabriques*, le fonds de réserve est obligatoire au moyen d'un dixième au moins du montant des cotisations annuelles jusqu'à ce qu'il ait atteint la moyenne des dépenses des trois dernières années au minimum. On ne peut procéder à une réduction du taux des cotisations ou à une augmentation des secours que lorsque le double de ce minimum a été atteint.

4° *Dans les caisses d'entreprises de construction*, l'obligation n'existe pas, *ipso facto*, mais l'autorité supérieure administrative décide s'il y a lieu de leur appliquer le règlement que la loi impose aux caisses locales et aux caisses de fabrique. En ce cas une disposition statutaire doit déterminer l'emploi du fonds de réserve ainsi constitué, lorsque surviendra la fermeture de la caisse.

5° *Aux caisses de métiers* s'appliquent les dispositions des caisses locales et des caisses de fabriques ;

6° et 7° *Dans les caisses libres*, un fonds de réserve obligatoire est constitué au moyen du versement du dixième des cotisations annuelles jusqu'à ce qu'il atteigne la moyenne des dépenses des cinq dernières années ;

8° Enfin, pour *les caisses minières*, la loi de 1892, comme les lois antérieures, est muette en ce qui concerne la constitution du fonds de réserve.

§ VI. — DE L'ASSOCIATION DES CAISSES ENTRE ELLES.

Nous avons vu dans l'analyse de la loi de 1883 que certaines caisses pouvaient s'associer entre elles et former des groupes plus ou moins puissants. Ces dispositions ont été maintenues dans la loi de 1892.

Ainsi, en ce qui a trait à l'*assurance communale*, « les « communes trop peu importantes pour créer des caisses « isolées peuvent se réunir pour organiser collectivement « l'assurance contre la maladie, et une association com- « merciale ainsi formée peut se substituer pour l'assurance « à chacune des communes qui en fait partie. »

Au surplus, l'autorité supérieure administrative peut former d'office une agglomération de plusieurs communes pour créer une assurance collective, et cela a lieu lorsqu'une commune ne réunit pas cinquante individus soumis à l'obligation de l'assurance, ou bien aussi dans le cas où après l'élévation de la cotisation des assurés à 2 o/o de leur salaire, la commune est obligée à des avances continuelles pour la délivrance des secours légaux.

Le groupement de plusieurs *caisses locales* peut avoir lieu lorsqu'elles se trouvent dans le ressort d'une même autorité chargée de la surveillance. Nous avons donné plus haut l'objet de ces groupements.

Enfin, c'est la loi du 1ᵉʳ juin 1884 qui a prévu, dans son article 34, les associations entre *caisses libres*.

Ces associations faites en vue de se prêter un concours mutuel doivent être soumises à l'approbation de l'assemblée générale de chacune des caisses et à la rédaction d'un statut.

Ces associations sont soumises à la surveillance de l'autorité administrative supérieure du district dans lequel se trouve le siège du comité directeur élu par les caisses intéressées.

L'étude sommaire qui vient d'être faite doit nécessairement être complétée par un aperçu de la statistique de l'assurance-maladie officiellement dressée par les bureaux spéciaux de l'Empire Allemand. Cette statistique fera l'objet du chapitre suivant.

CHAPITRE IV

Statistique des caisses de maladie.

§ I. STATISTIQUE GÉNÉRALE

Les caisses de maladie doivent fournir, à la fin de chaque exercice, un formulaire à l'autorité de surveillance. Il doit contenir l'état des assurés, le nombre des jours de maladie, des cas de maladie et des décès et en regard l'état des cotisations, des secours, des recettes et des dépenses. C'est de l'ensemble de ces renseignements qu'est tirée la statistique, objet du présent chapitre.

Il sera intéressant d'en comparer certains éléments avec les éléments correspondants que nous avons extraits du rapport du ministre de l'Intérieur relatif à nos sociétés de secours mutuels françaises.

Les résultats qui vont suivre sont fournis par la période qui va de 1888 à 1892. La loi allemande du 10 avril 1892, n'étant entrée en vigueur qu'en 1893, a donc été de nul effet sur ces résultats. Son action ne pourrait pas du reste sensiblement modifier les conclusions qu'il est permis d'en tirer.

Sur les huit catégories de caisses chargées du service de l'assurance contre la maladie, la statistique officielle allemande a laissé de côté, à raison de leurs conditions spéciales, toutes les caisses minières(1); il ne s'agira donc ici que des caisses appartenant aux sept premières catégories.

---

(1) Les caisses minières ne sauraient être comprises dans la statistique annuelle de l'office impérial. Elles sont bien tenues de régler leurs statuts de telle façon que les secours qu'elles distribuent en cas de maladie, ne soient pas inférieurs à ceux des caisses de fabriques, mais elles ne sont soumises à aucune des obligations des caisses de maladie, relativement à leur comptabilité et aux comptes rendus annuels. D'ailleurs elles servent aussi des pensions de retraite en cas de vieillesse et d'invalidité.

§ II. NOMBRE DE CAISSES. — DÉNOMBREMENT DES ASSURÉS.

Le tableau suivant indique le nombre de caisses existant en 1888 et en 1892 et le nombre des assurés à chaque catégorie de caisses :

	NOMBRE DES CAISSES		PERSONNES ASSURÉES		SOIT			
					HOMMES	FEMMES	HOMMES	FEMMES
	en 1888	en 1892	en 1888	en 1892	en 1888	en 1888	en 1892	en 1892
1° Caisses communales.	6.874	7.802	770.959	1.179.845	602.383	168.076	844.427	335.418
2° Caisses locales. . . .	3.583	4.220	2.220.731	2.998.378	1.812.904	407.827	2.357.231	641.147
3° Caisses de fabriques .	5.807	6.257	1.434.667	1.742.838	1.119.421	315.246	1.365.485	377.353
4° Caisses d'entreprises de constructions ·	115	103	28.627	29.743	28.150	477	29.131	612
5° Caisses de métiers. ·	392	469	55.428	76.411	51.647	3.781	72.738	3.673
6° Caisses libres enregistrées.	1.822	1.697	645.111	796.340	686.176	58.995	734.134	62.206
7° Caisses libres d'État ·	461	433	142.895	131.404	114.264	28.631	107.375	24.119
TOTAL. ·	19.254	20.981	5.308.478	6.955.049	4.415.445	983.033	5.510.521	1.444.528

Ce tableau montre en premier lieu l'augmentation, pendant cette période quinquennale, du nombre des caisses des cinq premières catégories c'est-à-dire des caisses obligatoires, tandis que le nombre des caisses libres a diminué sensiblement. Il fait ressortir en second lieu une progression de près de 29 o/o (exactement 28,8 o/o) dans le nombre des assurés. Il montre enfin la prépondérance sur les autres caisses : 1° des caisses locales ; 2° des caisses de fabriques ; 3° des caisses communales.

Pour arriver au chiffre total de la population allemande assurée, il faut ajouter au nombre des assurés aux sept caisses figurant au tableau celui des assurés aux caisses minières.

En 1888 les 7 caisses avaient :   5.398.478 assurés
Et les caisses minières   391 021   —

Total général en 1888.   5.789.499 assurés

En 1892 les 7 caisses avaient : 6 955 049 assurés
Et les caisses minières   473.960   —

Total général en 1892.   7.429.009 assurés

La proportion des assurés et du chiffre de la population est de 148 assurés par mille habitants à la fin de l'année 1892 (1).

Enfin des chiffres de ce tableau il résulte que la proportion d'assurés du sexe féminin augmente graduellement ; en 1888 on comptait 22,3 femmes pour 100 hommes, cette proportion était en 1892 de 26,2 o/o.

Il nous a semblé également intéressant de relever le nombre d'assurés par caisse ; nous ne donnons ces chiffres que pour l'année 1892.

(1) Le rapport du nombre des assurés à la population est à noter au point de vue de la comparaisson à établir entre le nombre des membres de nos sociétés de secours mutuels et le chiffre de notre population.

Chaque caisse d'assurance commu-
nale comptait . . . . 151 assurés
Chaque caisse locale. . . . . 711 —
Chaque caisse de fabrique . . . . . . 279 —
Chaque caisse d'entreprises de cons-
tructions. . . . . 289 —
Chaque caisse de métiers . . . . . . 163 —
Chaque caisse libre enregistrée . . . 469 —
Chaque caisse libre d'Etat particulier 304 —

Moyenne d'assurés par caisse . . . . 331 —

§ III. Durée des secours.

La durée de l'allocation des secours en argent par les
diverses caisses a peu varié d'année en année; nous nous
bornerons à indiquer ces résultats en 1892.

NOMBRE TOTAL des Caisses EXISTANT EN 1892	Nombre des caisses ayant alloué des secours pend^t 13 semaines	Pendant 2 6 semaines	De 26 à 5 2 semaines	Au delà de 5 2 semaines
Caisses d'assurances communales	8.253	8.253	»	»	»
Caisses locales	4.243	3.461	657	125	»
Caisses de fabriques. .	6.316	4.393	1 311	612	»
Caisses d'entreprises de constructions . .	123	118	5	»	»
Caisses de métiers . .	471	372	90	9	»
Caisses libres enregis- trées	1.730	637	655	410	37
Caisses libres d'Etat particulier	443	102	128	180	33
Ensemble des Caisses.	21.588	17.336	2.841	1.341	70

Comme on le voit, les caisses libres se distinguent
nettement des autres par la durée plus grande des
allocations.

§ IV. Morbidité.

La statistique de la morbidité comprend trois éléments :

1° Le nombre moyen des cas de maladie par tête et par an et aussi par sexe.

2° La durée moyenne des cas de maladie par tête et par an, cette durée représentant ici le nombre des jours pendant lesquels l'assuré a reçu les secours en argent.

Les tableaux suivants vont nous donner ces chiffres pour la moyenne des cinq années de 1888 à 1892.

Nombre annuel moyen des jours de maladie par tête assurée.

	HOMMES	FEMMES	Les 2 Sexes réunis
Caisses d'assurances communales.	4.2	3.7	4.1
Caisses locales.	5.8	5.8	5.8
Caisses de fabriques	6.3	5.6	6.2
Caisses d'entreprises de constructions.	7.7	7.0	7.7
Caisses de métiers	4.6	5.7	4.6
Caisses libres enregistrées. .	7.1	7.0	7.1
Caisses libres d'État particulier.	6.8	6.5	6.8
Ensemble. . .	5.9	5.4	5.8

Ces chiffres appellent quelques observations : disons d'abord qu'ils sont considérés comme absolument suffisants pour mesurer le risque maladie au point de vue des charges qu'entraîne l'assurance.

Nous observons ensuite qu'à part les caisses de constructions où le coefficient est le plus élevé, en raison des risques spéciaux de leurs assurés (il ne faut pas oublier non plus qu'en Allemagne les sinistres-accidents sont pen-

dant les treize premières semaines assimilés aux cas de
maladie.) A part, disons-nous, cette catégorie de caisses,
les caisses libres se font remarquer par les chiffres les plus
forts. Cela tient, croyons-nous, à une indulgence plus
grande d'appréciation chez les inspecteurs de ces sociétés
et, ce qui tend à le prouver, c'est que le coefficient le moins
élevé se rencontre dans les caisses communales où l'inspection doit être la plus sévère.

Nombre annuel moyen de cas de maladie par tête assurée.
(Moyenne des cinq années de 1888 à 1892)

	HOMMES	FEMMES	Les 2 Sexes réunis
Caisses d'assurances commu-nales.	· 0.27	0.22	0.26
Caisses locales.	0 35	0.31	0.34
Caisses de fabriques	0.41	0.35	0.40
Caisses d'entreprises de cons-truction	0.51	0.40	0 51
Caisses de métiers.	0.31	0.22	0.30
Caisses libres enregistrées . .	0.38	0.35	0.38
Caisses libres d'État particu-lier.	0 32	0.29	0.32
Ensemble des caisses .	0 36	0.30	0.35

De même que l'avant dernier tableau, celui-ci donne
pour les femmes un coefficient de morbidité bien plus
faible, c'est à dire bien plus favorable que le coefficient
de morbidité chez les hommes. Nous avons déjà fait
remarquer, quand nous avons établi les coefficients correspondants de nos sociétés de secours mutuels, qu'ils étaient
en proportion inverse de ceux que nous trouvons ici et
nous n'arrivons pas à expliquer cette apparente contra-
diction.

Cependant en étudiant le premier des deux tableaux précédents nous voyons que le coefficient de durée de maladie dans les caisses de métiers, c'est à dire dans la petite industrie, est plus élevé chez les femmes et nous croyons qu'en France les femmes qui font partie des sociétés mutuelles appartiennent aussi à la petite industrie. C'est la seule explication plausible de cette anomalie.

Les autres remarques, que nous avons faites à l'occasion du premier tableau, s'appliquent aussi au dernier.

La durée moyenne des cas de maladie calculée sur l'ensemble de la période de 1888 à 1892 a été pour chaque caisse savoir :

Nombre de jours de maladie par cas de maladie.

	HOMMES	FEMMES	Ensemble
Caisses d'assurances communales.	15.5	16.9	15.8
Caisses locales.	16 6	18.8	17 1
Caisses de fabriques	15.3	16.1	15.5
Caisses d'entreprises de constructions.	15.5	17.2	15.5
Caisses de métiers.	14.7	25.3	15.2
Caisses libres enregistrées. .	18.6	19.8	18 7
Caisses libres d'État particulier.	21.3	22.9	21.5
Ensemble des caisses .	16.5	18 0	16.7

On a vu précédemment que le nombre des jours de maladie par tête et par an était dans toutes les caisses, une seule exceptée, plus faible chez les femmes que chez les hommes. Ce dernier tableau établit que les cas de maladie, s'ils sont plus rares chez les femmes, sont au contraire beaucoup plus longs.

Nous venons de voir, dans ce que nous appellerons la morbidité générale, ce qu'il faut entendre par jour et par cas de maladie; il nous reste à donner un aperçu de la morbidité professionnelle.

Nous ne pouvons donner les chiffres afférents à toutes les professions, cela nous entraînerait trop loin; nous nous bornerons à indiquer la moyenne des jours de maladie par tête et par an de quelques catégories d'assurés des caisses de fabriques et des caisses de métiers.

Dans les premières, la morbidité la plus élevée se rencontre dans les groupes des usines métallurgiques, fonderies, forges, constructions de machines, voitures et wagons, construction navale, grande industrie chimique, fabrication des matières colorantes, des explosifs, des glaces, des usines à gaz et de la navigation à vapeur.

La morbidité la plus faible appartient aux groupes de l'horlogerie, de la bonneterie, de la lingerie, des brosses et pinceaux, de la corseterie, de la cordonnerie et de la manutention des tabacs.

Dans la première catégorie le nombre des jours de maladie par tête assurée et par an varie de 6,5 à 11. Dans la seconde ce nombre est de 3 à 4.5.

Dans les caisses de métiers, les conducteurs de voitures et les charretiers présentent le coefficient le plus élevé, il est de 6 jours 7 ; viennent ensuite les maçons et autres ouvriers du bâtiment dont le coefficient est de 5,7.

Les coefficients les plus faibles se rencontrent chez les cordonniers, les coiffeurs et barbiers et les tailleurs ; ces coefficients vont de 3 à 3,5.

§ V. Mortalité.

Les tables de mortalité nous donnent les nombres annuels de décès par mille assurés; elles ne comprennent

pas les décès des assurés aux caisses communales. Les
organes de l'assurance-maladie n'allouant pas d'indemnités de funérailles, ce renseignement fait défaut dans la
statistique allemande.

Pour les autres caisses elle fournit les données suivantes
comme moyenne des cinq années 1888 à 1892.

Nombre de décès par an et par mille assurés.

	HOMMES	FEMMES	Les 2 Sexes réunis
Caisses locales.	9.6	6 8	9.1
Caisses de fabriques.	10.3	7.3	9.7
Caisses d'entreprises de cons-tructions.	8.5	3.9	8.4
Caisses de métiers.	6.6	6.5	6.6
Caisses libres enregistrées. .	10.7	10.9	10.7
Caisses libres d'État.	16.7	13.6	16.1
Ensemble des caisses . .	10.1	7.4	9.6

Pour l'ensemble des caisses la mortalité moyenne est
donc approximativement de dix assurés par mille chaque
année. Les décès sont plus nombreux chez les hommes
que chez les femmes. Ils sont aussi plus nombreux dans
les caisses libres que dans les caisses obligatoires. Il semble
qu'il existe une relation entre la durée des secours pécuniaires alloués et la mortalité ; plus les secours pécuniaires
sont élevés, plus la mortalité accusée par les tables est
élevée.

En prenant, par exemple en 1892, ces deux données, on remarque la progression suivante :

	DURÉE DE L'ALLOCATION SEMAINES	DÉCÈS PAR 1.000 ASSURÉS
Caisses d'entreprises de constructions	14.3	8
Caisses locales . . . `. . . .	15.8	9
Caisses de métiers	15.9	9
Caisses de fabriques.	18.6	9.7
Caisses libres enregistrées. .	26.0	11 8
Caisses libres d'Etat.	36.0	17.6

Est-ce à dire que plus on reçoit de soins, plus on meurt ? Certes non, mais il se produit une véritable sélection ; c'est la population la moins valide qui recherche les caisses qui dispensent les secours le plus largement.

Il faut aussi remarquer que les caisses libres, qui ont le taux mortuaire le plus élevé, allouent des indemnités funéraires beaucoup plus fortes.

§ VI. Taux des cotisations.

La statistique officielle nous fait connaître le taux des cotisations dans les caisses obligatoires, mais elle est muette sur un point fort intéressant cependant; nous voulons parler du taux de la cotisation dans les caisses libres.

Dans ces dernières caisses, le taux de la cotisation n'est pas déterminé par la loi ; telle est la raison de l'absence de cet élément de comparaison dans les documents administratifs dont voici l'analyse (1) :

(1) Nous trouverons cependant dans un tableau ultérieur une indication suffisante sur le taux moyen de ces cotisations.

Nous ne reproduisons que les chiffres ayant trait à l'année 1892; ils sont sensiblement les mêmes pour les autres années.

	Nombre de caisses ayant fonctionné pendant l'année 1892	NOMBRE DE CAISSES AYANT PRÉLEVÉ SUR CENT MARKS DE SALAIRE UNE COTISATION :			
		de 1.5 au plus	de 1.5 à 2	de 2 à 3	de plus de 3
Caisses communales.	8253	7082	1170	1	—
Caisses locales . . .	4243	344	1447	2251	201
Caisses de fabriques.	6316	1267	1484	3336	229
Caisses d'entreprises de constructions. .	123	14	23	78	8
Caisses de métiers .	471	184	182	101	4
Ensemble des caisses	19406	8891	4306	5767	442

Comme on le voit, les caisses communales perçoivent les cotisations les moins élevées : environ 90 o/o de ces caisses ne prélèvent que 1 1/2 o/o du salaire.

Le taux le plus élevé se rencontre dans les caisses d'entreprises de constructions, environ 60 o/o d'entre elles perçoivent une cotisation supérieure à 2 o/o du salaire; cette nécessité s'explique par la plus grande fréquence des accidents dans cette catégorie d'assurés et dans le fait que pendant les treize premières semaines les caisses de maladie ont la charge de fournir les secours aux victimes d'accidents.

§ VII. Taux des secours pécuniaires.

Nous ne croyons pas utile de reproduire les tableaux concernant cet élément statistique. Le taux des secours pécuniaires de maladie ou indemnité journalière de chômage est, à de rares exceptions près, pour toutes les caisses de cinquante pour cent du montant du salaire.

Les caisses de fabriques et les caisses de métiers paient les indemnités les plus élevées : 12 o/o de ces caisses élèvent l'indemnité à 66 o/o du salaire au maximum et 3 o/o aux trois quarts du salaire ; un centième des caisses de métiers le portent exceptionnellement au-delà.

§ VIII. Recettes et dépenses.

Le tableau ci-dessous établit les recettes et les dépenses totales des caisses pendant l'année 1892.

	RECETTES	DÉPENSES
Caisses d'assurances communales . . .	11.190 629 marks.	10.321.376 marks.
Caisses locales . . .	50.712 257 —	48.364.248 —
Caisses de fabriques.	39.937 686 —	37.364.121 —
Caisses d'entreprises de constructions .	772 550 —	691.934 —
Caisses de métiers .	1 247 211 —	1.156.391 —
Caisses libres enregistrées	17.234.880 —	16.179.350 —
Caisses libres d'Etat particulier	2 905.223 —	2.752.380 —
Total	124.000.436 marks.	116.829.818 marks.

Ces chiffres généraux ont bien leur intérêt ; ils montrent ce qu'ont coûté dans l'empire d'Allemagne en 1892 les secours de maladie.

10

On peut en déduire aussi, au moyen d'un calcul fort simple, le salaire approximatif total des travailleurs de l'empire d'Allemagne, les mineurs exceptés, puisqu'on sait que les 124.000.436 marks formant la recette des diverses caisses représente en moyenne : 1° 1 1/2 o/o du salaire annuel des assurés, car tel est le taux moyen de leur cotisation ; 2° la moitié de cette cotisation, soit 0,75 o/o du salaire à la charge des patrons ; de telle sorte que ces 124 millions de marks sont les 2 1/4 centièmes du gain total des salaires allemands.

§ IX. — RÉPARTITION DES DÉPENSES PAR TÊTE.

Sur le total des dépenses de 116.829.818 marks, les frais de maladie comptés, comme il a été dit plus haut, s'élèvent à 94.258.000 marks.

En divisant ces chiffres par le nombre total des assurés on trouve que la dépense totale a été, par tête d'assuré, de 16 marks 85, et pour la dépense maladie, par tête d'assuré, de 13 marks 55.

Ces dépenses varient naturellement par catégories de caisses en raison du plus ou moins d'étendue des secours dont elles font bénéficier leurs membres. Ces différences sont très grandes.

Ainsi la dépense maladie est seulement de 7 marks 74 par assuré aux caisses communales, elle est de 16 marks 20 par assuré aux caisses libres enregistrées ; c'est plus du double (1).

§ X — RÉPARTITION DES DÉPENSES PAR JOUR.

En répartissant le montant moyen des frais de maladie de toutes les caisses par jour de maladie, on trouve pour

(1) Si nous comparons la dépense moyenne des frais de maladie de 13 marks 55 par tête d'assuré à la dépense moyenne correspondante de nos sociétés de secours mutuels, nous reconnaîtrons qu'elle est sensiblement la même.

cette moyenne (nous parlons toujours de l'année 1892) 2 marks 21 (1).

Si l'on examine à présent les éléments composant les frais de maladie et leur importance relative, on trouve pour l'ensemble des caisses les chiffres moyens suivants :

1° Honoraires de médecins . . . . 20 marks 23
2° Frais pharmaceutiques . . . . 17 — 02
3° Secours pécuniaires . . . . 46 — 63
4° Secours aux femmes en couches . . . . 1 — 29
5° Frais funéraires . . . . 3 — 77
6° Frais de traitement à l'hôpital . . . . 11 — 06

Il convient d'observer que les caisses communales n'allouent pas de secours aux femmes en couches, ni de frais funéraires.

§ XI. — COMPARAISON DES FRAIS DE MALADIE ET DES COTISATIONS.

Dans toutes les caisses obligatoires, les patrons payent une cotisation égale à la moitié de la cotisation de leurs employés, soit un tiers de la cotisation totale.

Les calculs suivants ne tiennent compte que de la cotisation des assurés et des droits d'entrée payés par eux, et que, du reste, ils payent seuls.

Ces calculs établissent pour toutes les caisses obligatoires un excédent des frais de maladie sur le montant des cotisations et droits d'entrée, payés par les assurés.

(1) Cette moyenne est également équivalente à celle que nous ont donnée nos sociétés de secours mutuels.

Cet excédent varie suivant la nature des caisses. Voici du reste les résultats de ces calculs :

	FRAIS DE MALADIE par tête	COTISATIONS	Différences
Caisses communales.	7.34	4.70	3.04
Caisses locales.	12.60	9.61	3.08
Caisses de fabriques.	17.03	11.95	5.68
Caisses d'entreprises de constructions. . . .	19.29	13.20	6.09
Caisses de métiers.	11.12	8.70	2.42
Caisses libres enregistrées. . .	16.20	16.85	0.65
Caisses libres d'État.	15.53	15.20	0.33
Moyenne générale	13.55	10.30	3.25

On remarque une exception en faveur des caisses libres enregistrées, où les cotisations sont plus élevées que les dépenses de maladie. Les caisses libres d'État ont à peu de chose près une balance égale. C'est que dans les caisses libres il n'y a pas à compter sur les cotisations patronales ; les cotisations doivent donc faire face aux dépenses ou à peu près, car elles n'ont que de faibles ressources supplémentaires.

§ XII. — FONDS DE RÉSERVE.

La loi allemande rend obligatoire la constitution d'un fonds de réserve pour trois catégories de caisses : les caisses locales, caisses de fabriques et caisses de métiers ; chez les autres elle est facultative.

Le tableau suivant donne le montant de ces réserves à
la fin de l'année 1892 :

	RÉSERVES TOTALES	QUANTUM par Tête assurée
Caisses d'assur. communales	1.301.400 marks	1.10
Caisses locales	24.182 400 —	8.07
Caisses de fabriques	37.526.100 —	21.53
Caisses de métiers.	610.100 —	7.98
Caisses d'entreprises de constructions . . .	191.700 —	6.45
Caisses libres enregistrées .	8 642.100 —	10.85
Caisses libres d'États particuliers	2.242.800 —	17.06
	74.696.600 —	10.74

Il ne faut pas se méprendre sur les chiffres de la dernière colonne, ils représentent le résultat de la division
du montant du fonds de réserve de chaque catégorie de
caisses par le nombre de ses assurés. Or, il faut tenir
compte de ce fait qu'à l'exception des catégories de
caisses où le fonds de réserve est obligatoire, un grand
nombre de caisses des autres catégories n'ont pas de
réserves.

CHAPITRE V

Assurance obligatoire contre la maladie en Autriche.

§ 1. — Législation antérieure a la loi de 1888.

L'institution de l'assurance obligatoire contre la maladie en Autriche et les organes qui servent à son fonctionnement ont une grande analogie avec le régime adopté en Allemagne. Leur réglementation officielle remonte à plus de soixante ans. C'est, en effet, un décret impérial, en date du 18 février 1837, qui, pour la première fois, règlemente officiellement les caisses de secours en cas de maladie. Aux termes de ce décret, les patrons sont tenus d'assurer à leurs ouvriers malades la gratuité des secours dans un hôpital pendant quatre semaines. En 1852, une loi règlemente à son tour les caisses de secours dites de société ; mais ces caisses s'occupaient concurremment, avec les secours aux malades, d'un service de pension et étaient des organes fort compliqués. Ce n'est qu'en 1854 qu'une loi sur les mines institue des caisses de secours pour les ouvriers mineurs. La loi du 20 décembre 1859, qui obligeait les grands industriels à créer des caisses de maladie au profit de leurs ouvriers, fut modifiée le 8 mars 1885, sans que l'obligation de l'assurance fût imposée. Toutefois, la loi du 15 mars 1883 soumettait à nouveau au régime corporatif, qu'avait aboli la loi de 1859, les petites

industries et obligeait les corporations de métiers à constituer des caisses de secours ou à s'affilier à des caisses
fonctionnant déjà en vue de l'assurance contre la maladie.
Cependant le manque de cohésion de cette législation et
son insuffisance apparaissaient si bien dès 1885 que la
Chambre des seigneurs, lors du vote de la loi du 8 mars,
émit le vœu de voir présenter un projet d'ensemble sur
l'assurance contre la maladie.

Prenant en considération ces *desiderata*, le gouvernement
déposa, dans le courant de cette même année, en même
temps qu'un projet de loi d'assurances contre les accidents (1), un projet distinct d'assurances contre la maladie. C'est ce projet qui, modifié pendant la session de
1886, a pris force de loi le 30 mars 1888.

§ II. Lois des 30 mars 1888 et 4 avril 1889.

Nous passerons très rapidement en revue les dispositions
de la législation autrichienne, nous attachant seulement à
faire ressortir les différences qu'elle présente avec le régime
qui fonctionne en Allemagne.

Personnes obligées à l'assurance.

Ce sont à peu près les mêmes catégories de personnes
qui sont soumises à l'obligation de l'assurance en Autriche
et en Allemagne.

En Autriche, cependant, les employés sans distinction

(1) C'est ce projet qui en premier lieu fut voté le 28 décembre 1887.

de traitement sont soumis à la loi (1). Il en est de même
du personnel des pharmacies et aussi des voyageurs de
commerce à l'exception de ceux qui vendent à la commission pour plusieurs industriels. Les employés de chemins
de fer et de la navigation intérieure sont aussi compris
dans les personnes obligées à l'assurance ; sont exceptés
seulement ceux qui sont occupés à la pêche ou à la navigation maritime soumis à la législation des gens de mer.

Les ouvriers appartenant à la famille du patron sont
soumis à l'assurance, ce qui n'a pas lieu en Allemagne.

§ III. Secours garantis par l'assurance.

Ces secours comportent :

1° La gratuité des soins médicaux et pharmaceutiques,
y compris les soins d'accouchement ;

2° Une indemnité pécuniaire, si la maladie dure plus de
3 jours. Le malade incapable de travailler reçoit un secours
pécuniaire quotidien qui remonte au début de la maladie,
il est égal à soixante pour cent au moins du salaire moyen
des ouvriers de la circonscription judiciaire. Le malade y
a droit pendant vingt semaines au minimum.

Si la maladie résulte d'un accident, l'indemnité fournie
par la caisse de maladie est limitée à quatre semaines,
après lesquelles cette indemnité est à la charge du service
d'assurances contre les accidents.

3° Une indemnité funéraire aux ayants-droit de l'assuré
décédé égale à vingt fois au moins le salaire de base, sans

(1) Mais la loi autrichienne stipule que les employés dont le traitement annuel est supérieur à 1.200 florins sont obligés de verser de
leurs deniers la totalité de la cotisation, alors que pour les autres
assurés le patron coopère, comme en Allemagne, à la cotisation
totale pour un tiers du montant de cette cotisation.

pouvoir dépasser un maximum de cinquante florins. Cette base est déterminée, à intervalles périodiques, par l'autorité du district. Cette base ne peut pas être inférieure au salaire moyen, ni supérieure à deux florins.

Comme en Allemagne, les tantièmes et les paiements en nature sont considérés comme salaire.

Les secours pécuniaires ne doivent pas dépasser le taux de 75 o/o du salaire de base.

La durée des secours peut, dans certains cas, être portée à une année.

Les cas de déchéance, totale ou partielle, au droit aux secours sont sensiblement les mêmes qu'en Allemagne. Les assurés convaincus de simulation de maladie sont frappés d'une amende.

Comme en Allemagne, le droit aux secours est incessible et insaisissable.

§ IV. Organes chargés du service de l'assurance.

Ces organes peuvent être ramenés à six types principaux ; soit six catégories de caisses, dont trois d'institution nouvelle, les trois autres préexistantes.

Les trois premières sont celles spécialement créées pour l'application de la loi ; ce sont :

1o Les caisses de district (Bezirkskrankenkassen) ;

2o Les caisses de fabriques (Betribskrankenkassen) ;

3o Les caisses d'entreprises de construction (Baukrankenskassen).

Les caisses préexistantes mises au service de la loi sont :

4o Les caisses de corporation (Genossenschaftskrankenkassen) ;

5o Les associations fraternelles ou caisses pour les ouvriers mineurs (Bruderladen) :

6° Les caisses de société ou caisses instituées par application de la législation sur les sociétés (*Vereinskranken-kassen*).

Nous allons rapidement examiner l'objet et le mode d'action de chacune de ces caisses.

§ V. LES CAISSES DE DISTRICT.

Elles sont subdivisées en caisses de district isolées ou en associations de caisses de district.

Aux termes de la loi du 30 mars 1888, il est institué sur le principe de la mutualité une caisse de district dans chaque circonscription judiciaire. Le nombre des assurés de cette caisse doit être de cent au minimum. Si ce nombre n'est pas atteint, l'autorité politique provinciale ne doit pas instituer de caisse dans le district ou doit dissoudre la caisse précédemment créée. En plus des assurés à titre obligatoire, la caisse peut admettre des assurés à titre facultatif parmi les personnes non soumises à l'obligation de l'assurance âgées de moins de trente cinq ans.

Les ouvriers et employés agricoles, forestiers, ceux de l'industrie domestique, qui, sur la présentation du patron, demandent à s'affilier, ne sont pas soumis à cette limite d'âge mais sont admis sous le régime de conventions intervenues entre la caisse et les intéressés et avec le concours de l'autorité politique de première instance. Ces assurés à titre facultatif peuvent librement quitter la caisse. Les assurés à titre obligatoire ne peuvent la quitter que s'ils quittent le district ou s'ils s'affilient à une autre caisse légalement reconnue.

Les ressources des caisses de district sont : les droits d'entrée, les cotisations et les emprunts éventuels à un

fonds de réserve. Pour la création de ce fonds de réserve,
chaque caisse de district prélève 2 o/o des cotisations
totales payées tant par les patrons que par les ouvriers.
La cotisation des patrons est égale, comme en Allemagne,
à la moitié de celle des ouvriers. Le fonds de réserve doit
atteindre au minimum le double de la dépense annuelle
moyenne de la caisse. Tant que ce minimum n'est pas
atteint, les cotisations ne peuvent pas être diminuées ni
les secours augmentés.

Le taux des cotisations.

Les membres soumis à l'obligation de l'assurance ne
paient qu'une cotisation périodique. Les assurés à titre
facultatif paient seuls un droit d'entrée égal au moins au
montant de la cotisation de six semaines ; ce droit d'entrée
est versé au fonds de réserve.

La loi ne fixe pas le taux de la cotisation, qui doit être
établi par les statuts en *tantièmes pour cent* du salaire pris
pour base de l'évaluation du secours pécuniaire. Ce taux
peut être modifié en assemblée générale. Si les statuts
promettent des secours supérieurs aux secours minima
légaux, les cotisations ne doivent pas dépasser 2 o/o du
salaire ou 3 o/o, si l'assemblée générale le décide à une
majorité élevée.

Les cotisations peuvent être établies suivant deux modes
de calcul :

1º Sans tenir compte de l'âge de l'assuré ;

2º En tenant compte de cet âge.

Dans le premier cas, la cotisation est en général de deux
kreuzers par florin de salaire.

Dans le second cas, on cherche à établir un tarif des
cotisations proportionnel, autant que faire se peut, aux
chances de maladie.

Le statut type divise les assurés en quatre classses suivant leur âge, lors de leur entrée à la caisse :

1re classe, 40 ans et au-dessous.
2e   —   de 40 à 50 ans.
3e   —   de 50 à 60 ans.
4e   —   de 60 et au-delà.

Le tableau annexé est calculé sur des salaires de base qui varient de trente à deux cents kreutzers ; nous n'en citerons qu'un exemple : celui où le salaire quotidien de base est de cent kreuzers :

L'assuré de 40 ans et au-dessous paie 1,3 o/o soit 8 kreuzers 1/2 p. semaine.
—   de 40 à 50 ans paie   1,8 o/o soit 10   —   —
—   de 50 à 60 ans paie   2,2 o/o soit 13   —   —
—   de 60 et au-delà   2,7 o/o soit 16   —   —

Ce mode de tarification semble plus équitable et plus conforme aux vrais principes de la mutualité que le mode plus simple du tarif uniforme, puisqu'il proportionne le sacrifice demandé à l'assuré aux risques qu'il fait courir à la communauté; mais il présente cet inconvénient de demander un quantum plus élevé à l'assuré sur son salaire, à mesure que son âge l'a réduit le plus souvent à gagner un salaire moins fort. Au surplus, en ces matières, il n'est pas possible d'arriver à une proportionnalité mathématiquement équitable entre les risques et la cotisation puisqu'il n'est pas possible de diviser les assurés en catégories suivant leur capacité de résistance à la maladie, dont l'âge n'est qu'un des éléments ; et d'autre part l'ouvrier jeune que favorise ce système peut être appelé, quand il sera devenu plus âgé, à en subir à son tour les désavantages.

Nous nous bornerons sur ce sujet à ces considérations générales sans entrer dans les détails des différents tableaux de proportionnalité entre l'âge et les salaires d'une part et les cotisation de l'autre, tableaux annexés au statut type des caisses de district.

Nous avons vu qu'en cas d'insuffisance du nombre des membres ou du chiffre des ressources par rapport aux dépenses, les caisses de district étaient dissoutes par l'autorité politique provinciale. L'avoir de la caisse, après paiement de ses obligations, est partagé proportionnellement entre les caisses qui reçoivent les assurés de la société dissoute.

Associations de caisses de district.

L'article 39 de la loi du 30 mars 1888 décide la formation d'une association des caisses de district comprises dans le ressort de chacun des établissements d'assurance contre les accidents, institués en vertu de l'article 9 de la loi sur les accidents (28 décembre 1887). L'objet de ces associations est de s'occuper des questions qui intéressent l'ensemble des caisses réunies, notamment de la constitution et de la gestion du fonds de réserve, du placement en commun des capitaux des caisses, de la surveillance et de l'administration à l'aide d'inspecteurs *ad hoc* et enfin de la statistique.

Il existait sept établissements d'assurances contre les accidents ; il a donc été créé sept associations de caisses de district, à Vienne, Salzbourg, Gratz, Trieste, Prague, Brünn et Lemberg.

§ VI. Caisses de fabrique.

Les patrons occupant cent ouvriers au moins peuvent instituer des caisses de fabrique ; ils n'y sont tenus obligatoirement (et cela quel que soit le nombre de leurs ouvriers) que si leur industrie fait courir des risques particuliers à la santé de leur personnel. Cependant l'au-

torité provinciale peut refuser la création d'une caisse de
fabrique, si l'existence de la caisse de district doit par ce
fait être compromise. Le patron rédige les statuts de la
caisse d'accord avec les délégués de ses ouvriers ; ces
statuts doivent contenir les dispositions élémentaires des
caisses de district. Les différences des deux statuts sont
les suivantes : les caisses de fabrique n'ont pas de droit
d'entrée, les cartes d'identité des caisses de district sont
remplacées par des carnets où sont inscrits semestrielle-
ment les montants des cotisations ; le paiement des cotisations est hebdomadaire au lieu d'être mensuel. En cas
d'insuffisance de ressources, le patron fait sans intérêt les
avances nécessaires ; il doit placer les fonds de la caisse
comme des biens de mineurs. En cas de faillite du patron,
les fonds libres sont privilégiés.

L'association des caisses de fabrique est prévue par la
loi dans le sens de l'association des caisses de district. Une
caisse de fabrique peut même s'affilier à l'association des
caisses de district de son ressort. Les anciennes caisses de
maladie, instituées en conformité de l'article 85 de la loi
du 20 décembre 1859, sont assimilées aux caisses de fabrique. Il en est de même des caisses instituées par les
patrons qui n'appartiennent à aucune corporation aux
termes de l'article 89 de la loi du 8 mars 1885. Ces deux
catégories de caisses sont entièrement soumises aux prescriptions des caisses de fabrique, sauf quant au nombre
des assurés qui peut-être réduit à 50.

§ VII. Caisses d'entreprises de constructions.

Ces caisses, aux termes de l'article 54 de la loi 1888, sont
instituées par les chefs d'entreprises temporaires, telles
que constructions de chemins de fer, routes, canaux, etc.,

si le nombre d'ouvriers est suffisant et si la durée des travaux doit être assez longue. L'autorité politique provinciale peut exiger l'institution de ces caisses dans le but d'épargner aux caisses de district les risques afférents aux travaux de construction. La réglementation de ces caisses est la même que celle des caisses de fabrique. Dans le cas où le chef d'entreprise ou l'entrepreneur n'aurait pas créé de caisse, il serait tenu de fournir de ses deniers les secours minima prévus par la loi, à toutes les personnes à son service obligées à l'assurance et qui se trouvent par ce fait dispensées temporairement de cette obligation. Les caisses d'entreprise sont dissoutes à la fin de l'entreprise. Les conditions de la liquidation et l'emploi du reliquat en caisse, qui ne doit en aucun cas devenir la propriété du patron, sont prévus librement par les statuts.

§ VIII. Caisses de corporation.

Ces caisses instituées par la loi industrielle du 20 décembre 1859 modifiée le 15 mars 1883, lorsqu'elles assurent à leurs membres les secours de maladie légalement prévus, dispensent ceux-ci de s'affilier à une autre caisse. Les caisses d'apprentissage instituées aussi par la loi de 1859 sont assimilées sous ce rapport aux caisses de corporation.

En ce qui concerne les cotisations et le fonds de réserve, les dispositions des caisses de district s'appliquent aux caisses de corporation. En cas de dispersion de la corporation sa caisse de maladie est dissoute et le reliquat de l'actif est remis à la commune du siège de la corporation pour être affecté à secourir les anciens membres de la corporation et leurs familles.

§ IX. Caisses de société. Caisses minières.

Ces caisses de maladie, qu'avait réglementées la loi du 26 novembre 1852, étaient nombreuses au moment de la mise en vigueur de la loi de 1888, aussi a-t-on cherché à rendre leur adaptation facile au régime nouveau. Leurs membres ont été dispensés de faire partie d'une autre caisse lorsque la caisse de société à laquelle ils appartiennent remplit certaines conditions dont la première est de satisfaire aux conditions techniques de l'assurance. Il est même admis, si la caisse de société ne procure pas de secours médicaux et pharmaceutiques, qu'ils peuvent être remplacés par la majoration de l'indemnité pécuniaire, laquelle devra être augmentée de la moitié du secours minimun légal, mais au cas seulement où la contribution patronale n'excède pas le tiers de la contribution totale. Cette restriction a pour but d'éviter la simulation.

Quant aux caisses minières, elles fonctionnent avec leur ancienne organisation et leurs membres sont dispensés de s'affilier à d'autres caisses. Mais elles ont dû modifier leurs statuts en ce qui concerne les secours de maladie, toutes les fois qu'elles n'assuraient pas au moins à leurs membres le minimum des secours établi par la loi nouvelle.

§ X. De certaines dispositions communes a toutes les caisses.

La loi autrichienne a prévu certaines dispositions générales sur lesquelles nous n'insisterons pas, leur étude n'étant pas nécessaire à nos conclusions.

Ce sont d'abord les rapports des diverses caisses entre elles, ces rapports résultant suffisamment des développements qui précèdent. Puis ce sont les rapports des caisses de maladie avec les autres institutions accordant des secours en cas de maladie.

Il arrive, en effet, que des communes, des corps d'état, et certaines fondations accordent en cas de maladie des secours à certaines catégories de personnes ayant droit, d'autre part, aux secours alloués par une caisse de maladie

Dans ce cas les communes, les corps d'état et les fondations sont tenus d'allouer à ces personnes l'intégralité des secours prévus dans les statuts de la caisse de maladie à laquelle ces personnes appartiennent. Et si le chiffre de ces secours est supérieur à celui que ces établissements sont tenus de servir, ils ont le droit d'en réclamer la différence à la caisse de maladie.

On a vu précédemment que les caisses contre la maladie doivent secourir pendant 4 semaines leurs membres blessés, victimes d'accidents. Au-delà de ce délai tous les secours doivent leur être remboursés par l'établissement d'assurances-accidents. Les patrons entrepreneurs qui assurent eux-mêmes les secours à leurs ouvriers ont à ce sujet les mêmes droits que les caisses de maladie.

Quant aux rapports des caisses avec les tiers, la loi stipule (article 65), qu'elles ont le droit d'exiger des auteurs d'accidents dont sont victimes leurs assurés, le remboursement de toutes les dépenses qui en ont été la conséquence. Cette disposition ne fait du reste que viser les articles du code civil qui ont trait à la réparation du préjudice causé à un blessé par l'auteur de la blessure.

Le réglement des conflits des caisses entre elles est soumis, soit à un tribunal arbitral dont la composition est fixée par la loi du 28 décembre 1887 sur les accidents, complétée à cet égard par l'ordonnance du 10 avril 1889, soit aux diverses autorités que nous avons déjà eu l'occa-

11

sion de désigner sous le nom d'autorités de surveillance ; il en est de même des conflits entre assurés et patrons, les caisses et leurs assurés et les patrons et les caisses.

Enfin certains avantages fiscaux sont concédés aux organes légaux de l'assurance obligatoire contre la maladie, tels que l'exemption des droits de timbre, la déduction du montant des cotisations dans le calcul des impositions et l'exonération de la patente et de l'impôt sur les revenus des caisses.

CHAPITRE VI

L'assurance-maladie obligatoire en Hongrie.

Ce n'est que trois ans après l'Autriche, que la Hongrie a adopté le régime de l'assurance obligatoire contre la maladie, et cela avant même d'avoir organisé l'assurance obligatoire contre les accidents ; c'est le contraire de ce qui avait lieu en Autriche où la loi d'assurance-accidents avait, ainsi que nous l'avons vu dans le chapitre précédent, devancé l'assurance-maladie.

Toutefois, la loi hongroise sanctionnée le 9 avril 1891 et promulguée le 14 avril suivant a été en grande partie calquée sur la loi autrichienne du 30 mars 1888. Elle en diffère cependant sur plusieurs points que nous allons signaler.

§ I. DES PERSONNES OBLIGÉES A L'ASSURANCE

Tandis que la législation autrichienne se distingue de la loi allemande en obligeant à l'assurance tous les employés sans distinction de traitement, le législateur hongrois a

¡imité cette obligation aux personnes dont le salaire n'excède pas 4 florins par jour, soit 1200 florins par an. Les employés dont le salaire est supérieur à ce chiffre ont le droit de s'associer à titre facultatif à l'institution à laquelle ils auraient l'obligation de s'assurer si leur traitement n'excédait pas 1200 florins. Les personnes dont la durée de travail est inférieure à 8 jours, profitent de la même faculté dans les mêmes conditions.

Les membres de la famille du patron, occupés dans son industrie, sont soumis à l'assurance-maladie ou en profitent sous certaines clauses limitatives.

Les autres catégories d'assurés sont les mêmes qu'en Autriche.

§ II. Étendue et organes de l'assurance

Le salaire qui sert de base au calcul des secours promis en cas de maladie est, suivant que les statuts de chaque caisse le décident, soit le salaire moyen habituel, soit le salaire réel. L'alimentation est considérée comme salaire, mais les autres paiements en nature tels qu'indemnités de logement, tantièmes. etc.), n'y sont pas assimilés.

Les secours pécuniaires qui en Autriche, sont fixés à 60 o/o du salaire, ne s'élèvent dans la législation hongroise qu'à 50 o/o du salaire établi comme nous venons de le dire.

De plus, les statuts des caisses peuvent substituer à la gratuité des soins une indemnité en argent égale à la moitié du secours pécuniaire. En Autriche, cette faculté est limitée aux caisses de district.

Enfin une dernière observation : l'assuré convaincu de simulation est frappé d'une amende de 50 florins au profit de la caisse du district dont le ressort contient le siège de l'autorité qui a jugé en première instance.

Les organes de l'assurance obligatoire en Hongrie ont les mêmes dénominations et très sensiblement les mêmes fonctions qu'en Autriche.

CHAPITRE VII

L'assurance obligatoire en Suisse.

§ 1

La législation fédérale, qu'il faut éviter de confondre avec les législations des cantons, a visé d'abord, en ce qui concerne les assurances ouvrières, le risque accident. Mais elle n'a jamais commis la faute que nous reprochons au législateur français, de négliger de comprendre les maladies professionnelles dans la catégorie des risques à couvrir par l'assurance contre les accidents.

L'article 9 de la loi du 25 juin 1881 conférant au patron la faculté de se libérer par voie d'assurance, de la responsabilité qu'il encourt vis à vis de ses ouvriers, a assimilé la maladie à l'accident. Le nouvel article 34 *bis* de la constitution, voté le 21 novembre 1890, en vue de l'introduction en Suisse de l'assurance obligatoire, est venu confirmer cette assimilation. Cette modification constitutionnelle a été votée par 283.000 voix contre 92.000 dans les termes suivants :

« La Constitution fédérale du 29 mai 1874 est complétée
« par l'article additionnel suivant :

« *Article 34 bis* : La Confédération introduira par voie
« législative, l'assurance en cas d'accidents et de
« maladie, en tenant compte des caisses de secours exis-
« tantes. Elle peut déclarer la participation à ces assurances,
« obligatoire en général ou pour certaines catégories de
« citoyens. »

Mais déjà dans les statistiques officielles, on faisait entrer
en ligne et sur le même pied l'accident et la maladie professionnels, ainsi qu'en témoigne le relevé des cas d'accidents et de maladies survenus en Suisse du 1er avril 1888
au 31 mars 1889 :

A — ACCIDENTS ET MA-LADIES MIS AU COMPTE DE LA RESPONSABI-LITÉ CIVILE DES EM-PLOYEURS :	CAS DE DÉCÈS	CAS D'IN-VALIDITÉ	CAS D'INCAPA-CITÉ TEMPO-RAIRE	TOTAL DES CAS
1º Exploitation des chemins de fer et bateaux à vapeur .	13	17	999	1029
2º Fabriques	43	62	4814	4919
3º Domaine de la responsabilité civile étendue. . .	46	25	3329	3400
Total A .	102	104	9142	9348
B — ACCIDENTS D'OU-VRIERS NE TOMBANT PAS SOUS LA RESPON-SABILITÉ CIVILE . . Total B .	384	137	4642	5163
Total A + B .	486	241	13784	14511

En ne considérant que le nombre des accidents et des

maladies professionnels, on voit que les cas soumis à la responsabilité civile, sont dans la proportion de 1 à 1,81, mais que d'autre part, le nombre des accidents ayant entraîné le décès ou l'invalidité est en sens inverse. Il faut aussi remarquer que les maladies non professionnelles n'entrent pas dans ces calculs, car il était fort difficile avant l'introduction de l'assurance obligatoire d'en constater le nombre.

A la suite du vote dont nous venons de parler, le Conseil fédéral a chargé le conseiller Forrer de préparer les projets d'assurance contre les accidents et contre la maladie.

Ces projets qui ont abouti à la loi votée tout récemment (le 5 octobre 1899), ont fait l'objet du remarquable rapport de M. Comtesse, dont nous donnons ci-après une brève analyse.

§ II. — Rapport de juin 1897 sur les projets de loi concernant l'assurance - maladie et l'assurance-accident.

Cependant, M. Comtesse, président de la commission chargée d'examiner les divers projets de loi, présente son rapport au Conseil national dans la session de juin 1897.

La première question que se pose la commission est celle de l'introduction simultanée de la double assurance contre la maladie et les accidents. L'affirmative ne fait fait pas de doute, dit le rapporteur. Ces deux risques ont entre eux une corrélation intime et se confondent même, sinon dans leurs causes, au moins dans leurs effets (1). Une

---

(1) C'est bien là, malheureusement, ce que le législateur français n'a pas compris en instituant la loi si imparfaite sur le risque-accident. Nous parlons autre part des conséquences fâcheuses de cette faute.

organisation commune s'impose donc ainsi que, du reste, l'intervention de l'Etat, légitimée par l'impuissance ou l'insuffisance de l'effort industriel dans l'accomplissement d'un progrès social. L'obligation de l'assurance dérive d'une nécessité de fait ; elle est la conséquence du risque professionnel.

Le régime de la responsabilité civile ne saurait garantir l'ouvrier, parce que, de quelque manière qu'on s'y prenne, les petits patrons ne présenteront jamais une garantie suffisante et sans l'obligation, négligeront d'assurer leur personnel. C'est la critique anticipée la plus juste de la loi française du 9 avril 1898 contre les accidents.

La commission insiste encore sur l'impossibilité d'établir une démarcation entre les conséquences de la maladie et celles de l'accident ; elle répète que le seul procédé efficace est l'assurance obligatoire ; le progrès qu'elle réalisera serait, suivant elle, attendu indéfiniment de l'initiative privée.

La commission s'est demandé, en second lieu, s'il fallait soumettre à l'obligation l'universalité de la population à partir d'un âge déterminé et sans distinction de fortune. Elle répond négativement et restreint l'obligation aux salariés, employés, ouvriers et domestiques ainsi qu'aux ouvriers agricoles.

Pour les salariés nomades, auxquels il est difficile d'appliquer la retenue obligatoire par le patron, la commission confère aux arrondissements d'assurance les pouvoirs que la législation allemande a conférés aux communes.

La commission préconise le système des assurances volontaires juxtaposé aux assurances obligatoires.

En ce qui concerne la répartition des charges, le triple concours de l'employé, de l'employeur et de la Confédération est jugé nécessaire.

Quant à la proportion de cette répartition, la commission distingue, avec raison, entre l'accident et la maladie.

Pour le premier cas, elle met 60 o/o de la prime à la charge du patron, 20 o/o à la charge de l'ouvrier et 20 o/o à celle de la Confédération.

Remarquons en passant, que cette proportion est autrement plus équitable que le régime adopté en France où la prime entière est à la charge du patron.

Pour la maladie, la prime serait payée moitié par le patron, moitié par l'ouvrier, sans tenir compte de la subvention fédérale de 5 centimes par assuré et par semaine.

Dans, le risque-accident, le calcul de la prime a pour base le salaire de l'assuré et le coefficient de risque de l'entreprise à laquelle il appartient. Ce système est nouveau. Le calcul a pour base le salaire des obligés à l'assurance.

La prime doit être fixée de manière à constituer chaque année, d'après les règles mathématiques de l'assurance, les capitaux nécessaires aux rentes allouées durant l'exercice.

Dans l'assurance-maladie, on n'exige que les versements nécessaires au service et à la constitution d'un fonds de réserve, où l'on puiserait plus tard, en cas de déficit.

Nous ne parlerons pas de l'allocation des secours qui ne présente rien de particulier ni de nouveau.

Mais l'une des questions examinées par la commission, lui a paru mériter, avec raison, une attention spéciale. Il s'agit du rôle des sociétés préexistantes, que le projet conserve dans l'organisation nouvelle sous le nom de sociétés libres inscrites.

Au dire du rapporteur, elles méritent cet intérêt pour plusieurs raisons :

La Constitution a garanti leur existence, et de plus,

elles ont rendu, malgré leur développement trop limité, d'inappréciables services. Sans doute, elles vivent au jour le jour, sans calcul sérieux de leurs risques et de leurs ressources, mais ce n'est pas là un motif suffisant pour ne pas les aider dans leur noble tâche et leur refuser les avantages financiers dont la Confédération fera jouir les caisses publiques et les caisses d'entreprise.

Le projet du conseil fédéral concédait bien ces avantages aux caisses libres, à la seule condition qu'elles garantissent à leurs membres anciens, et à ceux qu'elles auraient le droit d'affilier parmi les individus obligés à l'assurance, les prestations assurées par les caisses publiques. Mais les caisses libres si nombreuses dans la Suisse romande, ont insisté avec toute l'armée des mutualistes, pour faire annuler la clause du projet, d'après laquelle les caisses libres ne seraient pas reconnues comme caisses inscrites, c'est-à-dire participant au service de l'assurance obligatoire, lorsqu'elles seraient un danger pour une caisse publique.

En suite de ce vœu, la commission propose de supprimer la clause incriminée. Elle voudrait voir instituer pour les sociétés de secours mutuels voulant servir d'organe à l'assurance obligatoire, deux sortes de caisses libres inscrites et pour chacune, des conditions différentes relatives aux garanties à assurer à leurs membres.

Telles sont, au point de vue de cette étude, les dispositions les plus intéressantes des deux projets assurance-accident et assurance-maladie présentés par M. Forrer.

§ III. Loi du 5 octobre 1899.

Comme préparation nécessaire à l'adoption définitive des projets qui viennent d'être analysés, une déclaration du Conseil fédéral, relative aux ressources indispensables au fonctionnement de l'assurance-accidents et de l'assurance-maladie, était donnée au Conseil national à la date du 26 septembre de cette année 1899 et le 5 octobre suivant avait lieu le vote d'une loi fédérale : 1º sur l'assurance contre la maladie ; 2º sur l'assurance contre les accidents ; 3º sur l'assurance militaire.

Nous ne parlerons que des dispositions ayant trait à l'assurance-maladie. Certaines de ces dispositions sont du reste communes à l'assurance-maladie et à l'assurance-accidents.

Toutes personnes travaillant au compte d'autrui sur le territoire suisse, pour une durée dépassant une semaine, sont soumises à l'obligation de l'assurance dès l'âge de 14 ans, lorsque leur traitement annuel n'excède pas 5.000 francs.

La Suisse est divisée en arrondissements d'assurances, comprenant au moins deux mille personnes ; chaque canton forme un ou plusieurs de ces arrondissements..

L'arrondissement d'assurances peut étendre l'obligation aux journaliers et aux artisans exerçant une industrie pour leur propre compte.

Toute personne a le droit de s'affilier aux assurances contre la maladie à titre de membre volontaire, si elle est en bonne santé et a moins de 45 ans.

Le service public de l'assurance contre la maladie est confié :

1º Aux caisses publiques d'assurance, comprenant :

a) Les caisses d'arrondissements ;

b) Les caisses d'entreprises.

Ces caisses jouissent de plein droit de la personnalité civile, elles sont exemptes d'impôts ;

2º Aux caisses libres de secours mutuels.

Ces dernières sont soumises à l'autorisation et à la surveillance de l'Etat.

Les caisses d'entreprise sont celles que tout employeur occupant plus de cent personnes peut être autorisé, par l'autorité cantonale ou le Conseil fédéral, à établir avec le consentement de son personnel.

Toute caisse d'assurance doit tenir un contrôle de ses membres, des personnes qui satisfont à l'obligation et de tous les employeurs.

Toute personne obligée légalement à l'assurance, devient par ce seul fait membre obligé de la caisse d'arrondissement de laquelle elle dépend.

Tout employeur est tenu de déclarer, dans les quatre jours, l'entrée à son service de l'individu obligé à l'assurance et non encore assuré. Il doit déclarer aussi dans les quatre jours tout individu obligé à l'assurance, qui a cessé de faire partie de son personnel.

Les recettes des caisses d'arrondissement se composent :

1º Des subsides de la Confédération qui ne peuvent être moindres de 1 centime par jour et par tête d'assuré. Ces subsides sont fixés annuellement ;

2º Des contributions des assurés et des employeurs ;

3º Des finances d'entrée ;

4º Des remboursements de la Confédération et de l'établissement d'assurances contre les accidents, pour les dépenses occasionnées par les victimes d'accidents, soignées par les caisses de maladie ;

5º Des prélèvements sur le fonds de réserve ;

6º Des contributions, de l'arrondissement, d'assurances aux déficits de la caisse ;

7º Des recettes courantes ;

La loi définit ensuite les obligations et les responsabilités des patrons, relatives aux versements de leurs contributions et de celles de leurs employés.

Ces versements, en effet, sauf le cas des journaliers ou

des artisans travaillant à leur propre compte, incombent aux patrons. Ils peuvent retenir sur les salaires la part afférente à leurs ouvriers, soit la moitié de la contribution totale. Les versements à la caisse doivent être effectués mensuellement et d'avance.

L'employeur est tenu de déclarer le salaire de ses employés et ses modifications.

Le taux de la contribution est au prorata du gain journalier de l'assuré. On entend par gain journalier, le trois centième du salaire annuel, ou le vingt-cinquième du salaire mensuel. Le gain journalier n'est pris en considération qu'à concurrence de 7 fr. 50.

Les assurés sont divisés en 10 classes :

1° Ceux qui ont un gain journalier de 0 à 1 fr.

2°   —   —   —   de 1.01 à 1.50

3°   —   —   —   de 1.51 à 2 »

4°   —   —   —   de 2.01 à 2.50

et ainsi jusqu'à 7 fr. 50.

Chaque assuré est censé gagner le chiffre maximum afférent à sa classe.

Le quantum des contributions calculé au prorata du gain journalier est fixé par chaque caisse d'arrondissement, sans que ce quantum puisse dépasser 4 o/o de ce gain. établi par classe comme il vient d'être dit.

Le taux de la contribution totale à verser peut être majoré dans les entreprises exceptionnellement dangereuses, mais l'employeur ne peut retenir à ses employés que la moitié au maximum de ce qu'eût été la contribution non majorée.

L'employeur qui n'effectue pas les versements auxquels il est tenu, est passible d'une amende qui peut s'élever au quintuple du montant de ces versements.

Le droit aux secours comprend les soins médicaux, les

remèdes et appareils et une indemnité de chômage à compter du troisième jour du début de la maladie. Cette indemnité est fixée à 60 o/o du gain journalier ; si l'incapacité de travail n'est que partielle, l'indemnité est réduite proportionnellement. Par contre elle peut s'élever à 100 pour 100 du gain journalier si l'assuré est tout à fait infirme et indigent.

Toute prestation cesse d'être au compte de la Caisse-Maladie : 1° un an après le début de la maladie ; 2° le jour où les secours de maladie passent à la charge de l'Etablissement fédéral de l'Assurance-Accident.

La loi règle ensuite le mode d'administration des caisses d'arrondissement.

Ces caisses sont à administration distincte ou à administration mixte.

Les premières ont pour organes :

1° L'assemblée générale des assurés qui nomme la direction ;

2° L'assemblée générale des employeurs qui nomme des arbitres ;

3° Le directeur et le caissier ;

4° Les vérificateurs des comptes.

Les caisses à administration mixte sont régies par une assemblée générale composées des assurés et des employeurs.

L'énumération qui précède des dispositions de la nouvelle loi rapprochée de l'analyse que nous avons donnée des projets Forrer et du rapport de M. Comtesse au Conseil national, montre sans qu'il soit besoin de plus longs développements, l'esprit qui a guidé le législateur suisse. Ainsi qu'on a pu en juger, c'est l'esprit même de la législation allemande qui l'a inspirée.

La population suisse en présence des résultats favorables

de l'assurance obligatoire contre les accidents et la
maladie chez les nations, ses voisines, n'hésitera pas à
donner par le *referendum* du mois de janvier prochain son
approbation unanime à l'œuvre si sage de ses représentants.
Dans tous les cas, la loi du 5 octobre 1899 ne doit entrer en
en vigueur dans toute son étendue que le 1er janvier 1903.

§ IV. Législation cantonale.

Bien avant l'adoption de la modification constitutionnelle relative à l'obligation de l'assurance accidents-maladie
les cantons d'Appenzell et de Saint-Gall avaient résolu la
question de l'assurance obligatoire.

Ces cantons toutefois n'y assujetissent qu'une partie
restreinte de salariés.

La loi du canton d'Appenzel du 17 novembre 1879 a été
révisée le 22 mars 1887 : elle autorise les communes à
imposer l'obligation de l'assurance aux personnes dites
de séjour, c'est-à-dire à celles qui n'appartiennent pas au
canton et n'y ont pas de parents pouvant leur venir en aide
en cas de maladie. La cotisation est fixée à 25 centimes par
semaine ; un droit d'entrée n'excèdant pas 50 centimes est
établi. Les institutions existant dans le canton sont chargées des assurances.

Le canton de Saint-Gall par une loi du 19 janvier 1885,
prescrit aux communes d'astreindre toutes les personnes
de séjour à l'assurance obligatoire moyennant une cotisation hebdomadaire de 20 centimes pour les femmes et de
25 centimes pour les hommes ; le patron garantit le verse-
sement des cotisations. Si les ressources produites par les
cotisations sont insuffisantes, l'assistance publique communale se charge de la différence. La caisse cantonale
intervient en faveur des communes obérées, en leur versant

une subvention égale au montant des cotisations. Les caisses communales sont établies par le service de l'assurance, concuremment aux institutions préexistantes.

En dehors des cantons d'Appenzell et de Saint-Gall, ceux de Bâle-Ville, d'Argovie et de Genève ont mis à l'étude, depuis plusieurs années, la question d'assurance obligatoire contre la maladie.

Mais tous ces projets ne présentent plus, depuis le vote de la loi fédérale, qu'un intérêt rétrospectif.

CHAPITRE VIII

La question de l'assurance obligatoire ou de mutualité libre chez diverses nations.

§ I. Suède.

En suite d'une adresse votée par la diète, le 11 mai 1884, le gouvernement suédois nomma une Commission chargée d'étudier l'assurance contre les accidents, la maladie et la vieillesse. Cette commission, dite des assurances ouvrières, proposait, en 1888, de laisser à l'initiative des intéressés la création d'institutions d'assurances contre la maladie ; elle était d'avis de subventionner ces institutions.

Aujourd'hui le nombre des organes créés à cet effet est considérable.

Cependant en 1891, un projet d'assurance obligatoire contre les accidents échouait devant le Parlement et un texte nouveau, relatif à l'assurance contre les incapacités permanentes du travail, était préparé et déposé en 1895.

Le texte de ce projet ne fut pas agréé et le Gouvernement mit de nouveau la question à l'étude ; le département civil, aidé du concours de MM. Hasselrot, membre du Parlement et de M. le professeur A. Linstedt, soumit au Gouvernement, d'une part un projet sur les pensions et les rentes viagères à allouer aux travailleurs, d'autre part un nouveau projet de loi sur le droit pour les patrons d'effectuer, dans certains cas, des retenues sur le salaire de leurs ouvriers. Ce dernier projet fut soumis le 31 janvier 1898 à la Chambre des Seigneurs, qui conclut à la réunion de ce projet au premier (1).

§ II. Norwège.

Par arrêté royal du 19 août 1885, une commission de onze membres fut chargée de l'étude des questions sociales. Au mois de janvier 1890, cette commission avait préparé un projet d'assurance obligatoire contre la maladie.

Toute personne dont le salaire n'excède pas 1200 couronnes (2) est, aux termes de ce projet, assujettie à l'obligation de l'assurance contre la maladie. Sont dispensés de l'obligation, les pêcheurs, les ouvriers agricoles et forestiers.

La cotisation hebdomadaire est fixée à dix öre (3). Comme en Allemagne, les soins médicaux sont fournis à l'assuré, qui touche également une indemnité de chômage pendant treize semaines. Une caisse d'État spécialement créée est chargée du service de l'assurance.

Ce projet est actuellement soumis au Parlement.

---

(1) Etude par M. Maurice Bellom. *Bulletin du Comité des accidents du travail*. Année 1898.
(2) La couronne vaut 1 fr. 32.
(3) L'öre est la centième partie de la couronne.

§ III. Danemark.

Le Rigsdag est appelé à se prononcer sur divers projets de loi établissant des assurances ouvrières contre la maladie, les accidents et la vieillesse. Ces projets sont calqués sur les lois allemandes avec ces différences :

1º Ils exonèrent les patrons du paiement de toute cotisation ; le budget de l'État remplace les patrons dans cette participation aux dépenses ;

2º Ils accordent une rente de 200 couronnes à la veuve et aux enfants des assurés décédés.

C'est en conformité de l'un de ces projets que la loi relative aux accidents industriels a été promulguée le 15 janvier 1898 pour entrer en vigueur le 1er janvier suivant.

Quelques jours après la promulgation de cette loi, M. Ludwig Bramsen déposait au Folketing un projet de loi nouveau sur l'assurance contre les risques d'accidents dans l'agriculture. Il préconise un système d'assurance mutuelle à prime fixe entre les entrepreneurs agricoles.

§ IV. Russie.

Il n'existe pas encore en Russie de projets relatifs à l'assurance obligatoire contre la maladie proprement dite, mais la question d'assurance contre les accidents est à l'étude ; elle se rattache directement au projet de loi soumis au conseil de l'Empire sur la responsabilité des patrons en cas d'accident du travail et ce projet assimile complètement la maladie professionnelle à l'accident ; c'est ce qui nous a paru intéressant à signaler.

12

§ V. — ANGLETERRE.

Nous avons eu assez souvent à citer, dans cette étude sur la mutualité, des exemples tirés des sociétés anglaises pour trouver quelque intérêt à la situation plus récente des sociétés de secours mutuels dans ce pays (1).

L'un des faits les plus caractéristiques du mouvement mutualiste en Angleterre est le projet (1898) de certains grands industriels de fonder des caisses d'assurances obligatoires contre la maladie, à l'instar des caisses de fabriques allemandes. Nous remarquons, entre autres, le projet élaboré par la « London and India Docks Joint Committee »: les ouvriers seraient obligés de faire partie du *club* de la société de secours instituée par la Compagnie, et seraient même astreints à quitter les sociétés de secours mutuels dont ils faisaient partie. On devine l'opposition énergique des grandes mutualités anglaises contre un projet qu'elles considèrent comme attentatoire à la liberté.

D'autre part, plusieurs sociétés de secours mutuels ont, par d'honorables tentatives, facilité l'annexion des femmes dans leur institution. L'une d'elles, l'Ancient Shepherds order (Ashton Unity) a adopté le système des sections mixtes dont hommes et femmes sont membres au même titre.

Sous le rapport de la statistique, nous voyons qu'en 1898, les douze fédérations de sociétés les plus importantes de secours mutuels anglaises comptaient 3.093.390 membres.

Pour se faire une idée de la puissance de ces vastes associations, il suffit de citer les deux plus importantes de ces sociétés :

La *Manchester Unity of oddfellows* compte actuellement

(1) *Bulletin du Comité des accidents.* Année 1898, p. 458.

925.110 membres, dont 787.962 adultes hommes. Son actif est de 9.783.021 livres (244.575.525 francs). Les recettes du fonds de maladie et funérailles se sont élevées à 1.207.024 livres (30.175.600 francs). Les secours de maladie ont coûté 695.789 livres (17.394.725 francs) et les secours pour funérailles 142.224 livres (3.555.600 francs).

Les sections féminines ont été admises sans restriction dans la fédération.

L'*Ancient order of Foresters*, dont nous avons déjà souvent parlé, a vu ses bases d'opérations de beaucoup améliorées. Il a atteint, en 1898, le chiffre de 895.769 membres, qui se décompose en 731.442 adultes, 123.641 jeunes gens, 21.209 membres honoraires et 19.477 veuves de participants. Son avoir s'élève à 133.291.800 francs.

Cette prospérité des sociétés de secours mutuels a découragé en Angleterre les partisans de l'intervention de l'Etat, et le rapport de la commission parlementaire sur la question des retraites a contribué à ce découragement.

§ VI. Italie.

L'Italie, en matière d'assurance-maladie, n'est pas soumise au régime de l'obligation.

La législation sur l'assurance-accident a précédé de quelques semaines la loi française du 9 avril 1898 relative aux accidents du travail (17 mars.)

Complétée par un règlement d'administration publique du 25 septembre suivant, elle est entrée en vigueur le 1er octobre 1898.

Son caractère présente une grande analogie avec la législation française. Comme elle, elle a pour principe la responsabilité complète des chefs d'entreprise et l'obliga-

tion pour eux d'assurer leur personnel, tout en leur laissant une latitude dans le choix de l'assurance. Seulement
en Italie, l'obligation est formellement stipulée, alors qu'en
France, elle résulte indirectement pour les patrons des
responsabilités que la loi met à leur charge.

La première loi italienne sur les sociétés de secours
mutuels date du 15 avril 1886. Elle comprend l'organisation de la mutualité beaucoup plus largement et libérale-
ment que notre récente législation. Le champ d'action
qu'elle lui attribue est beaucoup plus étendu. Elle a
emprunté à la législation anglaise ce qu'elle a de meilleur.

Elle énumère sans les limiter les objectifs divers que
peuvent embrasser les sociétés de prévoyance.

Elle pose en principe la péréquation des risques et des
cotisations et oblige les sociétés à spécifier les dépenses à
prévoir en vue de tel objet déterminé et les ressources
appelées à y faire face, de manière à balancer les unes par
les autres. Là est le secret de la réussite des associations
de prévoyance ; c'est la question vitale des sociétés de
secours mutuels.

TROISIÈME PARTIE

Origines de l'assurance obligatoire en France. — Tentatives diverses. — Premières applications.

CHAPITRE PREMIER

L'ASSURANCE OBLIGATOIRE ET LES PENSIONS DE RETRAITE DES FONCTIONNAIRES

Bien que le sujet de notre étude comporte plus spécialement ce qui a trait à l'assurance-maladie, il nous a paru intéressant d'aborder le sujet qui fait l'objet de ce chapitre, alors même qu'il ne s'en rapproche que très accessoirement ; mais il montre la plus ancienne application de l'ingérence de l'État dans la vie des citoyens, au point de vue de l'assurance.

Le 22 août 1790, une proclamation du roi donnant force de loi au décret de l'Assemblée nationale du 31 juillet précédent, accordait des pensions viagères aux fonctionnaires arrivés à l'âge de la retraite, après avoir rempli des conditions déterminées.

Cette allocation était faite à titre de récompense nationale.

C'est dans le même esprit que remplaçant la législation antérieure, la loi du 13 juin 1853 établissait les conditions du droit des fonctionnaires à la retraite et fixait les retenues à faire subir à leur traitement, pendant la durée du service actif.

Ces législations, bien que ne se plaçant pas au point de vue de l'assurance, n'en sont pas moins dans la réalité des faits, la consécration de l'assurance obligatoire par l'État.

C'est là que nous trouvons la première intervention de l'État en matière d'assurance et d'obligation à l'assurance.

Si l'on étudie cette loi au point de vue des principes qui doivent présider au contrat d'assurance, on constate leur violation flagrante.

Les pensions en effet ne sont pas proportionnelles aux retenues. Certaines classes de fonctionnaires sont lésées, d'autres profitent de ces lésions.

Le chiffre de la retraite n'est pas calculé sur l'ensemble des retenues opérées, mais sur la moyenne du traitement des six dernières années, de telle façon que le fonctionnaire, dont l'avancement tardif jusque là est loin de montrer le mérite, arrive s'il est protégé à la fin de sa carrière active, à jouir d'une pension aussi élevée que le fonctionnaire de valeur, qui, ayant conquis de bonne heure la situation la plus élevée, a subi pendant de nombreuses années, les retenues maxima.

Ainsi se trouve violée avec le principe de la proportionnalité du chiffre des retraites au chiffre des retenues, l'équité la plus élémentaire.

Mais que le fonctionnaire meurt quelques semaines seulement avant d'avoir atteint l'âge de la retraite, sa veuve et ses enfants n'ont rien à réclamer et se trouvent frustrés du montant des retenues opérées sur le traitement du défunt pendant sa vie.

De même, s'il est atteint, autrement que dans l'exercice de ses fonctions, d'une infirmité le rendant incapable de continuer son service, il peut être révoqué sans indemnité et sans avoir droit à une retraite proportionnelle. Et si au contraire, il est frappé dans les conditions où une indemnité d'invalidité lui est dûe, il est soumis pour l'obtenir à des formalités vexatoires.

Le système des retenues sur les traitements des fonctionnaires en vue du droit à la pension de retraite, n'est en réalité pas autre chose qu'une vaste tontine, c'est-à-dire, la forme la plus dangereuse que puisse affecter l'assurance.

A un autre point de vue aussi, la loi de 1853 aurait été plus sage en accordant au fonctionnaire arrivant à la retraite, l'option entre la pension à laquelle il a droit et le capital représentatif de cette pension. Le père de famille inquiet de l'avenir des siens préfère le plus souvent leur constituer un capital que de jouir d'une rente viagère éphémère, et l'obligation où il se trouve de placer à fonds perdus, l'épargne de son labeur, est une suprême iniquité (1).

Agir autrement, ne serait grever en rien le budget de l'État.

Au point de vue des charges imposées aux contribuables, la loi de 1853 est également déplorable, comme le constate dans son rapport adressé en 1883 à la Chambre des députés. M. Cavaignac, prévoyant une dépense de 73 millions pour le service des pensions, chiffre pourtant bien inférieur à la réalité actuelle.

---

(1) Le fonctionnaire, dit M. Cheysson, dans son *Traité des pensions civiles des employés de l'État*, est placé hors du droit commun. Il est traité en mineur : à moins qu'il ne s'impose une double retenue, il voit ses épargnes employées sans son aveu au détriment des siens. Qu'un père de famille s'avise d'immobiliser son avoir en rente viagère, il sera à bon droit jugé par l'opinion publique. Or, telle est pourtant la conduite qui est non seulement conseillée, mais prescrite aux fonctionnaires par leur patron, l'État, au mépris de leur dignité et de leur liberté.

Nous sommes loin d'avoir épuisé les critiques dont la loi est susceptible (et qu'elle mérite sans doute), puisqu'en 1879, le Sénat délibérait sur un projet de loi, qui, sous le titre de création d'une caisse de prévoyance pour les employés civils, ne tendait à rien moins qu'à la remplacer.

« On se préoccupe beaucoup, disait M. Ronjat, séna-« teur de l'Isère (1), lors de la deuxième délibération du « projet, et depuis longtemps, d'améliorer le sort des fonc-« tionnaires. On fait, suivant moi, un peu trop pour eux. « Les fonctionnaires en effet servent l'État, ils rendent « des services utiles : ils en sont récompensés par les « appointements qu'ils reçoivent et c'est suffisant. Mais, il « y a beaucoup d'autres personnes qui rendent des servi-« ces également et qu'à la rigueur on pourrait considérer « comme des fonctionnaires. Le laboureur qui cultive son « champ, rend de grands services à l'État ; il accomplit « une fonction, je ne dis pas utile, mais indispensable. « L'ouvrier, l'entrepreneur, qui travaille, fait des vête-« ments, des bâtiments ou des chemins de fer, accomplit « une fonction qui n'est pas seulement utile mais néces-« saire ; il est à ce point de vue fonctionnaire de l'État. « Ceux qu'on appelle en général fonctionnaires, que sont-« ils donc ? Quel est leur rôle dans l'atelier national ? Ils « tiennent les écritures ; voilà à quoi se borne leur rôle... « Je vous en prie, n'en faisons pas une caste à part, une « caste privilégiée. Traitons-les non pas en enfants, qui « ont besoin d'être protégés constamment, mais en hommes « qui savent ce qu'ils font, en hommes libres et indépen-« dants. »

Mais, malgré tout, le système des retenues ou ce qui revient au même, l'assurance obligatoire, l'emportait au

(1) *Officiel* du 15 mars 1879.

Sénat par les raisons que M. Gonin, rapporteur de la loi, faisait valoir : l'une était la crainte de la difficulté de recrutement du personnel si l'on supprimait les pensions ; l'autre la crainte de voir les fonctionnaires manquer de prévoyance en négligeant de faire des économies, ou de perspicacité en les mal plaçant.

Ces raisons sont insuffisantes et l'assurance obligatoire imposée aux citoyens les plus instruits sinon les plus éclairés de la nation, nous paraît condamnable. Certes, il se trouvera toujours dans toutes les classes de la société, des hommes imprévoyants ou inintelligents que la misère peut atteindre, mais ce ne peut être que l'exception dans celle qui nous occupe. Maîtres de leur destinée, comme leurs concitoyens, les fonctionnaires français la dirigeraient dans de meilleures voies et sauraient donner l'exemple de ce que peut produire une association libre appliquée à un but de prévoyance. Au point de vue matériel, ils auraient tout avantage à consacrer volontairement à l'assurance mutuelle, le montant des retenues aujourd'hui obligatoires, même en laissant l'État bénéficier pour partie, des sacrifices considérables que lui impose le système actuel de pensions de retraite. Au point de vue moral, ils gagneraient, en dignité et en indépendance, l'élévation qu'apporte au caractère de l'homme le sentiment de sa libre initiative et de sa responsabilité.

Quoi qu'il en soit, la loi votée par le Sénat maintenait la retenue obligatoire de 5 o/o et du premier douzième sur les traitements. Ces retenues portées à un compte ouvert au titulaire étaient augmentées d'une subvention de l'État égale à 6 o/o du traitement du fonctionnaire sédentaire et à 8 o/o de celui du fonctionnaire en service actif ou appartenant à l'enseignement primaire.

Ce compte individuel était arrêté chaque année avec

intérêts capitalisés à 4 1/2 o/o. L'employé quittant le service après cinq ans d'exercice avait droit, suivant certaines conditions déterminées, soit au montant des retenues et des subventions, et le capital figurant à son crédit définitif était employé à son choix à l'achat d'une rente perpétuelle ou d'une rente viagère. En cas de décès, la veuve ou les enfants avaient droit à la totalité du compte.

Le projet voté par le Sénat constituait un réel progrès dans l'intérêt des fonctionnaires et dans celui de l'administration qui, reprenant une liberté morale plus grande à l'égard de ses employés, dont elle pouvait se débarrasser en cas d'incapacité notoire, puisqu'ils étaient assurés d'une retraite.

Cependant la Chambre rejetait le projet adopté par le Sénat. La période de transition lui parut trop difficile à franchir et surtout trop onéreuse.

CHAPITRE II

Tentatives faites en vue d'introduire en France l'assurance obligatoire.

Nous laisserons de côté les différentes tentatives faites dès 1846 et poursuivies par le Gouvernement provisoire de 1848 pour substituer l'État aux compagnies d'assurance de toute nature. Il s'agissait, surtout en effet, des assurances contre l'incendie, la question des assurances ouvrières n'étant pas encore ouverte. Nous ne rappellerons non plus que pour mémoire la propagande du grand publiciste, M. Emile de Girardin, en faveur de son système de l'impôt-assurance qui supprimait tous les autres impôts et garantissait à lui seul les citoyens de tous les risques, y compris celui de la misère.

Nous ne parlerons pas davantage des tentatives du second Empire pour instituer les assurances agricoles obligatoires, ni des diverses propositions qui se sont poursuivies dans nos Parlements jusqu'à ces dernières années aux fins de faire adopter l'utopie de l'Etat-assureur ; tentatives souvent intéressantes, mais toutes ou presque toutes étrangères à la question des assurances ouvrières.

Toutefois nous citerons, mais simplement en les désignant par leurs dates et les noms de leurs auteurs, les propositions relatives au risque accident : 1880, Talandier — 1882, Waldeck-Rousseau — 1883, Léon Say et Goblet — 1884, Lagrange, Ballue et Chavanne.

Cependant les questions ouvrières devenaient plus pressantes et au mois de juin 1891, M. Constans déposait au nom du Gouvernement son projet de création d'une caisse nationale des retraites ouvrières en même temps que la Chambre était saisie de diverses propositions émanées de l'initiative parlementaire.

Le projet Constans créait au profit des travailleurs des deux sexes *une caisse nationale ouvrière de prévoyance*, alimentée par les versements des adhérents, les contributions des patrons et les subventions de l'Etat.

Etaient admis à bénéfier de la caisse : 1° tous les salariés français ne relevant pas d'une administration publique ou privée possédant une caisse de retraite régie ou reconnue par l'Etat ; 2° les artisans, tâcherons, patrons, entrepreneurs ou commerçants n'occupant pas plus de deux ouvriers étrangers à leur famille ; 3° les membres des sociétés coopératives de production ; 4° et enfin les fermiers et métayers n'occupant pas plus de deux personnes en dehors de leur famille et les petits propriétaires exploitant leurs biens en famille.

Du reste nulle obligation, et faculté pour les participants d'opérer les versements à leur convenance comme nombre et quotité. Mais les subventions de l'Etat et des patrons sont obligatoires dans les limites des articles 13 et 15 du projet :

La subvention de l'Etat égale en principe le montant des versements annuels de l'assuré ; la contribution du patron recouvrée par l'administration des contributions directes, ne profite qu'aux participants salariés et a pour coefficient le nombre des ouvriers occupés par le patron, multiplié par celui des journées de travail.

L'avoir de chaque assuré s'applique soit à une rente viagère, soit à la constitution d'un capital, mais il a pour limite le chiffre suffisant à la constitution d'une rente de 600 francs à l'âge de 50 ans. Cette limite atteinte, les versements ne sont plus reçus.

Une suspension de versements même prolongée n'est pas une cause de déchéance.

Le patron qui occupe des salariés de nationalité étrangère paie une contribution double de la contribution *maxima* fixée par l'article 15 (6 ou 9 francs par 300 jours de travail utilisés). Cette sorte d'amende est versée à la caisse régionale (succursale de la caisse nationale) pour y constituer une caisse d'invalidité. Cette caisse a pour but de constituer des secours viagers pour les travailleurs devenus invalides en dehors des accidents du travail et des secours temporaires en cas de maladie n'amenant pas l'invalidité.

Ce projet a, comme on le voit, pour but essentiel d'encourager les travailleurs à l'épargne en vue de la constitution d'une rente viagère ou de la création d'un capital et ne touche qu'accessoirement, par la fondation d'une succursale de la caisse nationale, à la question d'indemnité en cas d'invalidité définitive ou temporaire résultant de la maladie.

Ses auteurs estimaient qu'il avait ce grand avantage sur l'assurance obligatoire, de stimuler l'esprit de prévoyance et de n'imposer à l'ouvrier aucune charge autre que celle volontairement consentie, avec cette liberté en plus de choisir le moment et de fixer le quantum de l'économie à réaliser. L'individualisme avait ainsi satisfaction, en même temps que le socialisme d'Etat intervenait sous forme de dotation au moyen des deniers publics et de l'obligation imposée aux patrons.

Mais à notre point de vue, si sous cette forme, l'intervention de l'Etat peut se justifier dans une certaine mesure, l'intervention forcée des patrons n'est pas admissible en faveur seulement d'une partie de leurs ouvriers. L'obligation de l'employeur doit être corrélative de celle de l'employé. Une seule exception pourrait être défendue, c'est quand il s'agit de l'assurance-accident et même, suivant nous, mieux vaudrait que l'ouvrier en supportât une part minime.

En somme, faute de s'entendre sur un sujet d'ensemble comprenant l'assurance ouvrière contre les risques de maladie, d'accidents et la vieillesse, on en est arrivé à faire l'essai du système sur deux catégories de travailleurs, sauf, si l'expérience réussissait, à l'étendre à toute la classe des petits salariés. L'examen de ces lois fait l'objet des deux chapitres qui suivent.

CHAPITRE III

Loi du 29 juin 1894 sur les caisses de secours et de retraite des ouvriers mineurs.

§ I. Discussion au Parlement.

Pour la première fois en France, nous voyons apparaître en 1894, et en une matière tout à fait spéciale, le principe de l'obligation dans une institution ouvrière de prévoyance : c'est dans la loi instituant les caisses de secours et de retraite des ouvriers mineurs. Et encore cette innovation a-t-elle soulevé pas mal de controverses et de critiques au moment des discussions des projets à la Chambre des députés et au Sénat.

À la Chambre, les auteurs du projet et les rapporteurs, MM. Mazeron et Audiffred, pour arriver au vote de la loi et pour vaincre les hésitations de certains de leurs collègues, ennemis de toute intervention de l'État, ont eu soin de faire valoir que l'industrie des mines n'était pas une industrie libre : l'État, qui a donné la concession et qui a autorisé l'exploitation, garde sur les mines des droits d'intervention et de contrôle, et, en vertu de la loi de 1810, il peut imposer à son gré au concessionnaire toutes les obligations lui paraissant utiles à l'intérêt général. « Nous « ne saurions trop le répéter, dit notamment M. Mazeron « dans son rapport à la Chambre, que c'est en raison de « la nature spéciale de la propriété des mines ; c'est « parce que cette propriété résulte de concessions gratuites « faites par l'État, c'est parce que l'État a conservé sur

« cette propriété, au point de vue du rapport des ouvriers
« et des patrons, comme au point de vue technique, un
« droit de surveillance et d'intervention, que le législateur
« peut imposer aux Compagnies la contribution aux
« caisses de retraite et de secours, dans les conditions qu'il
« détermine. C'est aussi par ces raisons et pour un motif
« de réciprocité qui s'impose, que les ouvriers peuvent être
« astreints à des obligations de même nature. » Et plus
loin, parlant de la légitimité d'une loi spéciale pour les
mineurs, M. Mazeron, après avoir dépeint la triste situation des ouvriers mineurs, si intéressants en raison des
dangers et des maladies auxquels les expose leur profession, ajoute :

« Personne n'a jamais sérieusement contesté qu'il ne
« découlât de cette situation, pour les concessionnaires de
« mines des devoirs spéciaux envers leurs ouvriers, et la
« légitimité de l'intervention du législateur en cette ma-
« tière ne nous paraît pas avoir besoin d'être longuement
« démontrée. »

Dans ce même rapport, revenant sur la situation spéciale
des exploitations minières et insistant sur ce fait que les
mines sont sous l'empire d'un droit exceptionnel, et que la
loi du 21 avril 1810 et le décret du 13 janvier 1813 les pla-
cent sous un contrôle très sérieux de l'Etat, M. Mazeron
dit encore :

« La commission a proposé, en conséquence, que les
« propriétaires de mines soient tenus d'établir des caisses
« de prévoyance dans chaque exploitation et de contri-
« buer à leur entretien dans une proportion égale à celle
« qui est imposée aux ouvriers eux-mêmes. »

Le rapporteur, pour justifier le principe de l'obligation
pour les ouvriers, montre ensuite que l'Etat, pouvant
obliger les patrons, a parfaitement le droit de se substi-

tuer à eux pour obliger l'ouvrier à cette contribution
comme le feraient des règlements intérieurs édictés par
ces patrons. De plus, pense-t-il, imposer semblable obligation aux ouvriers n'est que l'équitable réciproque de
l'obligation imposée aux patrons.

M. Audiffred, dans son rapport à la Chambre des députés, du 21 mars 1887, revenant aussi sur la situation particulière des ouvriers vis-à-vis de l'Etat, évitant aussi de
choquer les opinions des non-interventionnistes, conclut
à l'obligation des retenues et des versements. « L'obliga-
« tion des versements et des retenues peut-elle être édic-
« tée, dit-il ? Nous n'avons pas à rechercher si, en thèse
« générale, l'Etat a le droit d'imposer la prévoyance à tous
« les citoyens français, et particulièrement aux ouvriers
« de l'industrie et de l'agriculture et aux patrons qui les
« emploient. Notre tâche est moins vaste : nous nous occu-
« pons des ouvriers de l'industrie des mines, qui sont
« comme ceux des chemins de fer, dans une situation
« particulière vis-à-vis de l'Etat. Car l'Etat, tout en concé-
« dant temporairement ou à perpétuité l'exploitation des
« voies ferrées et des mines, a conservé sur ces industries
« des droits spéciaux qu'il n'a pas à l'égard des autres. Et
« ces doits sont nettement formulés, comme nous allons
« le voir dans les lois et les cahiers des charges... »
M. Audiffred, insistant encore sur ce fait que l'industrie
des mines n'est pas une industrie libre, la compare à celle
des chemins de fer, et montre que l'Etat, en échange des
concessions, a conservé le droit d'intervenir dans certains
actes de leur gestion et de leur administration. Il fait
ressortir que ce droit de prendre telles dispositions que
l'Etat estimera utiles aux intérêts des ouvriers, est formulé
dans la loi de 1810 et qu'il n'a jamais été abrogé dans les
lois postérieures : que, de plus, les cahiers des charges

imposés aux Compagnies montre bien que l'Etat a un droit d'intervention et de contrôle. Et, en terminant, il fait remarquer à la Chambre qu'en votant la loi, elle n'introduit pas un principe nouveau, mais ne fait qu'user d'un droit jamais contesté.

Les arguments des rapporteurs à la Chambre des députés avaient surtout pour but d'endormir les scrupules des individualistes irréductibles ennemis de toute intervention, et MM. Mazeron et Audiffred avaient soin de leur démontrer qu'en votant la loi, ils ne feraient pas entrer dans notre législation le principe de l'assurance obligatoire.

Tout autre fut le langage du rapporteur de la loi au Sénat, M. Cuvinot. Il réfute les arguments fournis à la Chambre, estimant qu'ils ne résistent pas à un examen attentif et que la loi perdrait sa principale raison d'être, si la thèse qu'on avait voulu établir à la Chambre était fondée. Et analysant la loi de 1810, il démontre qu'elle ne réserve à l'Etat qu'un droit de police et de surveillance pour garantir la sûreté publique et la sécurité des ouvriers. « Les autres prétendus droits, dit-il, que l'on a « voulu tirer du texte de la loi de 1810 ne sont écrits nulle « part. On a invoqué aussi le décret du 23 janvier 1813. Or, « ce décret vise exclusivement les mesures à prendre pour « prévenir les accidents et pour organiser les secours que « ces accidents peuvent rendre nécesaires. Il n'y est aucu- « nement question de secours en cas de maladie, ni d'in- « demnité de chômage, ni de pensions. »

Insistant encore sur ce point, M. Cuvinot établit que le décret du 26 mai 1813 et l'ordonnance du 25 juin 1817, que es rapporteurs avaient invoqués à la Chambre en faveur de leur thèse, ne contenaient aucune prescription, mais avaient pour unique objet d'autoriser la formation d'une société de secours mutuels, de l'encourager et de lui per-

mettre de recevoir les subventions volontairement sous-
crites par les exploitants. Il expose ensuite qu'il ressort
nettement de l'ordonnance de 1817, qu'en ce qui touche
l'organisation d'une caisse de prévoyance, le gouvernement
ne se croyait pas le droit d'imposer aux concessionnaires
une obligation en cette matière, car elle ne visait qu'une
institution purement facultative. « Il semblait, dit le rap-
« porteur, d'après des affirmations fréquemment répétées,
« mais insuffisamment contrôlées, que la législation sur
« les mines autorisait l'État à imposer aux concessionnaires
« les obligations les plus étendues et les plus variées, que
« le droit d'intervention des pouvoirs publics était sans
« limites, et que, suivant l'expression de l'honorable
« M. Audiffred, l'État avait conservé intact le droit de
« prescrire les mesures complémentaires destinées à amé-
« liorer la condition matérielle de l'ouvrier des mines. »

En terminant, M. Cuvinot s'efforce de signaler les dangers pour l'État d'une semblable interprétation : ce serait
accepter, par voie de conséquence, la responsabilité de
toutes les mesures prises par les exploitants, jusques et y
compris la fixation des salaires.

Il faut faire remarquer que ces attaques du rapporteur
au Sénat s'adressaient aux arguments des rapporteurs de
la Chambre et non directement au principe de l'obligation. Aussi la loi sur les caisses de secours et de retraites
des ouvriers mineurs fut-elle votée, introduisant franche-
ment pour la première fois dans la législation française
l'assurance obligatoire.

§ II. Caractère obligatoire des caisses de retraites et de secours des ouvriers mineurs.

Bien que la Chambre des députés ait admis dans ses
premières délibérations le principe de l'obligation et que la

commission du Sénat ne l'ait pas directement combattu, elle avait introduit dans le projet un article ainsi conçu .

« Sont dispensés de la retenue ci-dessus prescrite par
« l'article 2 les employés âgés de plus de 21 ans qui
« auront déclaré devant le maire de la commune de leur
« résidence qu'ils entendent renoncer au bénéfice du
« présent titre. Il leur est délivré récépissé de cette décla-
« ration. Dans ce cas, l'exploitant sera dispensé du versement
« qui lui incombe aux termes de l'article 2. »

Cet article avait été emprunté au projet de loi sur les caisses ouvrières déposé au mois de mai 1891 par M. Constans. Il semblait laisser à l'ouvrier toute liberté et le dégager de toute main-mise.

« La loi, dit M. Cuvinot le 17 février 1893, peut et doit
« aider les ouvriers dans leurs efforts vers le bien, mais non
« se substituer à leur volonté. Les patrons peuvent et
« doivent agir dans le même sens, mais ils ont bien tort de
« faire appel à l'intervention du législateur pour régler les
« questions de détail. Ils habitueront les ouvriers à solliciter
« en toutes circonstances l'autorité des pouvoirs publics. »

Mais déjà dans la séance de la veille, M. le Ministre des Travaux publics avait réclamé contre cette disposition.

« La proposition de loi, dit-il, a un but : elle est destinée
« à prévenir les conflits et par conséquent elle intéresse
« l'ordre et la paix publique. Partant de cette donnée, je
« soutiens que l'obligation doit être inscrite dans la loi
« pour les deux intéressés, aussi bien pour l'ouvrier que
« pour le patron. Pourquoi ? Parce que l'ordre doit venir
« des deux côtés et non d'un seul.

« Comme chacun s'accorde à reconnaître qu'on peut
« imposer l'obligation au patron, pourquoi ne l'imposerait-
« on pas aux ouvriers ? Si vous forcez le patron à aider
« l'ouvrier qui accumule pour le retrouver dans sa vieil-

« lesse, le travail des jeunes années, pourquoi n'imposeriez-
« vous pas à l'ouvrier la même contrainte ? Est-ce que
« l'intérêt public n'est en jeu que lorsqu'il s'agit du
« patron ? »

Le ministre montre ensuite les inconvénients qu'il y
avait à créér deux classes d'ouvriers, ceux qui versent et
ceux qui ne versent pas, les participants et les réfractaires
L'autorité du patron, dans pareille situation, deviendrait
impossible. Il deviendrait le prisonnier des ouvriers participants.

Ces idées si justes prévalurent enfin et cet article 3, sur
la propoposition de MM. Desprez et Lecomte appuyée de
MM. de Marcère et Tolain fut repoussé par 181 voix contre
67, et le principe d'obligation maintenu.

La loi votée le 29 juin 1894 impose en premier lieu un
versement de 4 o/o du chiffre des salaires à la caisse
nationale des retraites pour la vieillesse ou à l'une des
caisses syndicales de retraite que les exploitants de mines
peuvent créer, sous certaines conditions, pour leurs ouvriers
et employés. Ces versements doivent provenir d'une retenue de 2 o/o faite par l'exploitant sur le salaire des
personnes qu'il emploie et d'une somme égale à cette
retenue prise sur la caisse même de l'entreprise ; ils sont
inscrits au livret personnel du salarié intéressé.

Elle institue en second lieu des caisses de secours
alimentées par le prélèvement sur le salaire de 2 o/o au
maximun et d'un versement de l'exploitant égal à la moitié
de celui des salariés et aussi des sommes allouées par
l'Etat sur les fonds de subvention aux sociétés de secours
mutuels des dons et legs et enfin du produit des amendes
infligées aux membres participants des caisses.

N'ayant pas l'intention d'analyser toutes les dispositions
de la loi, nous nous arrêtons aux articles 7 et 8, le premier

disposant : que les statuts des sociétés de secours doivent
fixer : 1° la nature et la quotité des secours et des soins
à donner aux membres participants que la maladie ou
des infirmités empêcheraient de travailler ; 2° la quotité
des secours à allouer aux familles des membres décédés.
Les statuts peuvent autoriser l'allocation de secours en
argent et de soins médicaux ou pharmaceutiques aux
femmes, enfants et ascendants des membres participants
et prévoir des secours journaliers en faveur des femmes et
des enfants des réservistes et territoriaux appelés à rejoindre
et enfin des allocations exceptionnelles et renouvenables en
faveur des veuves et orphelins des sociétaires.

L'article 8 décide que 5 o/o du montant de l'indemnité
pécuniaire, allouée après quatre jours de maladie, seront
versés au compte individuel de chaque malade participant
à une caisse de retraite.

Il convient de remarquer quelle analogie frappante présente dans ses grandes lignes l'institution de nos caisses
de secours pour les ouvriers mineurs avec l'institution
allemande de l'assurance obligatoire contre la maladie.

Nous estimons même que la loi française, dans l'application de l'obligation de l'assurance contre la maladie à la
catégorie de travailleurs qu'elle vise, est en progrès sur la
législation allemande.

L'expérience qu'a pu faire de cette dernière le législateur français n'a pas été sans doute sans effet sur les dispositions de la loi de 1894 qui comblent quelques lacunes du
système allemand.

En résumé la loi de 1894 sur les caisses de secours des
ouvriers mineurs est non seulement le premier pas fait en
France dans la voie de l'assurance obligatoire contre la
maladie, elle est aussi et surtout le prologue de son adoption prochaine et définitive dans nos institutions ouvrières.

Les discussions byzantines qui se sont, à son propos, donné libre cours au Parlement et dont nous avons reproduit certains passages ne sauraient prévaloir contre le simple bon sens. Ce n'est pas parce que la Nation, en concédant les exploitations minières a conservé à leur égard certaines prérogatives, ce n'est pas non plus parce que cette industrie présente pour le travailleur des dangers spéciaux, que l'État a le droit d'intervenir par voie législative pour protéger ce dernier contre les risques de maladie, mais bien parce que l'État a le droit et le devoir d'intervenir en présence de dangers et de maux que l'initiative privée est impuissante à conjurer.

Or, s'il n'a pas paru à nos législateurs que la situation fâcheuse des ouvriers mineurs et ses conséquences, pour les compagnies minières et pour l'ordre public, aient pu devenir suffisamment meilleures par la seule initiative des intéressés, n'en est-il pas de même pour tous les ouvriers de l'Industrie française ? Poser la question, c'est la résoudre.

§ III. — Loi du 23 avril 1898 sur la marine marchande : inscrits maritimes. Caisse de prévoyance, risques, accidents.

La loi du 23 avril 1898 institue au profit des marins français une caisse nationale de prévoyance contre les risques et accidents de leur profession, annexée à la caisse des invalides, mais ayant son existence indépendante.

Font obligatoirement et exclusivement partie de cette institution tous les inscrits maritimes à partir de l'âge de dix ans.

La caisse est alimentée par la cotisation des participants les apports des armateurs ou propriétaires des navires, les dons et legs, et s'il y a lieu, par des avances de l'État.

Les inscrits maritimes atteints de blessures ou de maladie (1) ayant leur cause directe dans un accident ou un risque de leur profession pendant la durée de leur dernier embarquement ont droit à une pension viagère en cas d'incapacité complète et permanente les empêchant à jamais de reprendre la mer, et à une pension temporaire et renouvelable, lorsque l'incapacité n'est que passagère.

La loi de 1898 donne aussi aux veuves des inscrits maritimes et à leurs enfants une pension variant suivant certaines conditions.

Il n'entre pas dans le cadre de ce travail d'analyser plus longuement les dispositions de cette loi ; elle n'y figure que pour bien marquer le nouveau pas fait par notre législation dans la voie de l'assurance obligatoire (2).

L'exposé des motifs justifie cette intervention de l'État par les raisons suivantes :

« Nous avons été amenés à vous proposer d'adopter, pour
« les marins, le principe de l'assurance obligatoire, sans
« lequel il ne saurait être fait rien d'efficace en leur faveur
« étant donnés les risques exceptionnels auxquels ils sont
« exposés et l'imprévoyance notoire qui est comme une
« des caractéristiques de leur tempérament particulier (3).
« Et, par voie de conséquence nous avons placé l'institution
« sous la surveillance et le contrôle de l'État, qui seul peut,
« au moyen de son organisation administrative, assurer
« l'exécution rigoureuse du principe de l'obligation et
« garantir l'entière application de la loi. »

(1) On voit dans cette loi spéciale la maladie professionnelle assimilée à l'accident, ce qu'a refusé de faire le législateur français pour la loi du 9 avril sur les accidents du travail.

(2) Dès le 15 octobre 1888, M. Félix Faure avait déposé une proposition de loi rendant applicable, avec quelques modifications, aux marins de commerce la loi votée le 11 juillet 1888 par la Chambre des Députés. Cette proposition n'est jamais venue en discussion.

(3) A combien de catégories de salariés ne s'appliqueraient pas les mêmes réflexions?

A propos de la remarque que nous venons de faire sur l'assimilation de la maladie professionnelle à l'accident de même nature, l'exposé des motifs s'exprime ainsi :

« A côté des accidents nous avons cru devoir admettre
« les cas des maladies déterminées par les circonstances
« de la navigation, le texte englobant ainsi non seulement
« ces graves affections endémiques qui déciment des équi-
« pages entiers, mais même les maladies ayant bien le
« caractère d'accidents professionnels par les conditions
« dans lesquelles elles se contractent. »

Nour aurons à revenir sur cette dernière partie de l'exposé des motifs qui nous semble la plus sévère critique de l'oubli intentionnel des maladies professionnelles dans la loi sur les accidents du travail en général.

§ IV. Loi du 9 avril 1898 sur les accidents du travail.

D'une manière générale la loi du 9 avril 1898, dont nous n'avons à nous occuper qu'en raison des lacunes qu'elle présente, vise les ouvriers de l'industrie. Une de ces lacunes a été comblée par une loi récente relative aux ouvriers de l'agriculture travaillant dans certaines conditions à diverses industries agricoles.

Son principe est la responsabilité complète du patron pour tous les accidents survenus dans le travail de ses ouvriers. Les indemnités ont pour base le salaire personnel. Le travailleur dont le salaire dépasse 2.400 francs ne bénéficie des dispositions de la loi que jusqu'à concurrence de cette somme. Pour qu'il y ait droit à indemnité, l'interruption du travail doit durer plus de quatre jours.

L'incapacité de travail absolue donne droit à une rente égale aux deux tiers du salaire annuel : l'incapacité partielle et permanente à une rente égale à la moitié de la réduction que l'accident aurait fait subir au salaire.

En cas de mort une pension est due aux ayants-droit, savoir : 20 o/o du salaire à la veuve, 15 o/o à l'unique enfant, 25 o/o pour deux enfants, 35 o/o pour trois, et 40 o/o pour quatre enfants et plus au-dessous de 16 ans. Si les enfants sont orphelins de père et de mère, la rente est portée à 20 o/o pour chacun d'eux. Dans le premier cas, l'ensemble des rentes ne peut dépasser 40 o/o, ni 60 o/o dans le second.

Les frais médicaux et pharmaceutiques et ceux de funérailles sont en outre à la charge du patron.

L'article 5 intéresse plus particulièrement le sujet de notre étude : il décharge les chefs d'industrie des frais de maladie et de l'indemnité pécuniaire pour un temps variable suivant les cas de trente à quatre-vingt-dix jours, lorsqu'ils auront affilié leurs ouvriers à des caisses de secours mutuels et payé une partie des cotisations dans une proportion convenue avec l'ouvrier.

A défaut par le patron ou son assureur de s'acquitter envers la victime de ses obligations légales, le paiement en sera assuré par la caisse nationale de retraite pour la vieillesse.

Sage précaution d'une loi imparfaite, car avec le système adopté, nombre de petits patrons, par imprévoyance ou par calcul, courront les chances de la ruine et de la faillite plutôt que de recourir à l'assurance. C'est là incontestablement un des vices du système.

Le fonds de garantie de la caisse des retraites affecté à ce service sera constitué par une contribution de 4 centimes additionnels à la patente des patrons. Les mines paieront pour cet objet 5 centimes par hectare concédé. La caisse des retraites a un recours avec certains privilèges contre les chefs d'entreprise pour le compte desquels elle aura payé les ouvriers.

Les patrons sont libres de contracter des assurances à leur gré à des sociétés mutuelles ou à prime fixe ou à des syndicats constitués *ad hoc*.

Les compagnies qui veulent souscrire des contrats à cet effet devront être autorisées et seront soumises à une surveillance administrative ainsi que les syndicats créés à cet effet.

Telles sont les dispositions générales de la loi sur les accidents du travail ; nous avons, à plusieurs reprises, signalé ses imperfections.

Son défaut capital résulte de ce qu'elle n'a pas été étudiée parallèlement à une loi d'assurance contre la maladie. Nous avons vu que le gouvernement fédéral en Suisse n'a pas commis cette faute et, en étudiant la législation dans ce pays (1), on se rend facilement compte de ce vice originel de la loi française.

D'une part les petits accidents devraient être distraits de l'assurance-accident pour être assimilés aux cas de maladie.

D'autre part, les maladies professionnelles que la loi sur les accidents a laissées de côté, sont une catégorie de risques dont l'ouvrier restera victime ou devra se couvrir à ses seuls frais, alors que son camarade victime d'accident est complètement garanti de ce risque par le seul chef d'entreprise.

Si cette loi sur les accidents est en somme un progrès sur les règles de la responsabilité civile telles qu'elles étaient antérieurement appliquées, il faut la considérer comme une loi d'attente et espérer que bientôt elle sera refondue dans une législation nouvelle qui comprendra l'assurance ouvrière contre la maladie.

(1) *Voir supra*, p. 187 et suivantes.

Comme complément nécessaire de la loi du 9 avril 1898, une loi promulguée au mois de mai 1899, a réorganisé la caisse nationale d'assurance contre les accidents en vue de permettre à tous les chefs d'industrie de s'assurer contre le risque-accident mis à leur charge.

Sans doute cette assurance d'Etat n'est pas obligatoire en droit, mais en fait l'assurance est virtuellement obligatoire surtout pour les patrons de la petite industrie mais avec faculté d'option entre la caisse d'Etat et la caisse privée. Il convient de remarquer que c'est là un système intermédiaire entre l'obligation légale, genre allemand, et la liberté absolue au point de vue légal de contracter ou non une assurance. Effectivement on pourrait fort bien décréter l'assurance obligatoire avec faculté d'option entre les sociétés de secours existantes et les caisses régionales ou communales que l'Etat organiserait à l'instar de l'assurance communale allemande.

Tel est le régime que nous préconisons pour l'assurance-maladie dans notre quatrième partie.

QUATRIÈME PARTIE

Insuffisance des sociétés de secours mutuels pour parer au risque-maladie. — Nécessité de l'assurance obligatoire pour couvrir ce risque. — Solution proposée. — Les sociétés de secours mutuels organes de l'assurance contre la maladie.

CHAPITRE PREMIER

I

L'étude des sociétés de secours mutuels nous a montré la noblesse et l'étendue du but qu'elles poursuivent et les efforts des hommes courageux qui se sont dévoués à cette œuvre civilisatrice. Mais, d'autre part, les données de la statistique ont prouvé l'insuffisance des résultats obtenus par ces sociétés, tant au point de vue de la quotité des secours qu'en raison du trop grand nombre de travailleurs qui restent en dehors de leur action.

Plus loin, on a pu se rendre compte du fonctionnement de l'assurance obligatoire établie en Allemagne, en Autriche et en Hongrie et des résultats favorables de cette institution.

Enfin l'analyse des lois relatives aux ouvriers mineurs et à la marine marchande a montré que le législateur français, lui aussi, a été acculé à la nécessité d'adopter l'assurance obligatoire pour deux catégories de salariés, les marins du commerce et les travailleurs des exploitations minières.

L'ensemble de ces constatations nous a amené à conclure à l'opportunité de l'application, par voie législative, aux ouvriers et aux petits employés français, de l'assurance obligatoire contre la maladie.

Nous discuterons en premier lieu les raisons qui militent pour et contre notre opinion, nous indiquerons ensuite sous quelle forme l'obligation de l'assurance doit être introduite en France et ce qu'il convient, suivant nous, de prendre et de laisser dans les systèmes adoptés chez nos voisins. Nous examinerons en dernier lieu le rôle des sociétés de secours mutuels dans le fonctionnement de l'institution nouvelle.

II

Le mouvement mutualiste s'est accentué dans le monde des travailleurs sous la pression du besoin et la poussée de l'exemple, et, malgré tout, il embrasse à peine le dixième de la population ouvrière. La masse de cette population y est restée étrangère.

Ce résultat n'a rien qui puisse surprendre un observateur impartial. Cette abstention volontaire des neuf dixièmes des petits salariés doit être attribuée à leur insouciance invétérée. Leur imprévoyance est notoire ; elle est comme une des caractéristiques de leur tempérament et n'est pas le moins du monde, comme le laissait entendre l'un des rapporteurs de la loi sur la marine marchande, spéciale aux marins. Elle doit motiver l'application de l'assurance obligatoire à la généralité des travailleurs, parce que l'initiative privée est impuissante à préserver l'ouvrier de sa propre imprévoyance.

L'assurance obligatoire doit-elle avoir en vue tous les risques importants qui menacent le salarié ?

Les législateurs allemands et austro-hongrois ont sans hésitation généralisé le principe de l'obligation et tout un système d'assurances ouvrières couvre aujourd'hui leurs populations industrielles, commerciales et agricoles contre les risques principaux qui peuvent les atteindre, le chômage excepté.

Ainsi que l'a dit M. Charles Brouilhet dans un rapport à la Société d'Économie politique et sociale de Lyon « Nous « n'avons, nous, Français, qu'à nous transformer simple- « ment en observateurs attentifs de l'expérience entreprise « et conduite par l'Allemagne. C'est là une situation pri- « vilégiée bien faite pour réjouir à la fois les théoriciens « et les hommes pratiques, pour permettre à l'opinion « publique et au législateur de s'éclairer, à condition que « les résultats notés soient interprétés sans parti pris...

« Personne ne croit encore, en Allemagne, être arrivé au « plan parfait, à l'établissement définitif de la machine « souple et puissante qui donnerait le résultat maximum.

« Il semble donc prudent d'attendre. Si nous devons un « jour adopter pour notre compte un système complet « d'assurances ouvrières d'État, nous aurons au moins la « faculté de faire appel aux données d'une véritable science, « qui s'élabore chaque jour et se forme mieux par le spec- « tacle des déboires de la pratique qu'au milieu de l'en- « thousiasme débordant qui précède toute réforme. »

Il y aura bientôt quatre ans que ces paroles étaient pro- noncées (21 février 1896) et l'expérience allemande com- mencée quinze ans auparavant se poursuit imperturbable- ment.

Envisagée au début comme un moyen d'arrêter les progrès des doctrines socialistes, l'œuvre colossale d'un tel ensemble d'assurances ouvrières a été commencée par le prince de Bismark dans le but avoué de détourner de ces doctrines la masse des salariés, en donnant à leurs revendications, à la fois toutes les satisfactions possibles.

Vaine illusion ! Comme il fallait s'y attendre, les progrès du socialisme n'ont été entravés en aucune façon. Les partis politiques, le parti socialiste surtout, sont insatiables.

La bonne foi n'est pas non plus leur arme favorite ; ce n'est ni par les concessions, ni par les bienfaits qu'on les apaise ; le gouvernement allemand l'a bien vu, car l'œuvre qu'il considérait comme devant amener l'apaisement social n'a pas eu de plus acerbes critiques que les chefs du parti ouvrier.

Au point de vue de l'apaisement social, l'œuvre a donc été vaine ; il en est autrement au point de vue humanitaire ; le bien produit est considérable.

Aussi l'ensemble des assurances ouvrières est-il envisagé également par le monde gouvernemental et par les classes élevées de la nation, comme une institution de solidarité humaine dans laquelle il faut persévérer, malgré les sacrifices qu'elle impose.

Est-ce à dire que l'on doive, dès à présent, considérer l'expérience comme achevée et l'institution suffisamment parfaite pour en souhaiter l'adoption en France ? Nous ne le pensons pas, au moins en ce qui concerne l'assurance contre l'invalidité et la vieillesse. Son fonctionnement laisse apparaître encore de nombreux *desiderata*. A cet égard, il convient d'attendre encore pour se prononcer.

III

Pour ce qui est de l'assurance-maladie, au contraire,
l'expérience qui se continue en Allemagne, en Autriche
et en Hongrie semble à ce point favorable, tant par le
fonctionnement de l'institution que par les bienfaits
qu'elle procure, qu'il nous semble permis de prendre un
parti.

L'assurance obligatoire contre la maladie ne soulève, en
effet, dans les pays où elle fonctionne aucune controverse
et n'est l'objet d'aucun projet de réforme. Elle est en Allemagne la plus ancienne, la plus modeste et en même
temps la plus utile des assurances d'Etat.

Elle procure à plus de sept millions d'individus les
secours de maladie, soins médicaux et pharmaceutiques,
indemnités pécuniaires, etc., dans une mesure générale-
ment plus large que ne peuvent le faire nos sociétés de
secours mutuels à un peu plus de seize cent mille personnes.

Ce résultat est obtenu au moyen d'un prélèvement n'at-
teignant pas en moyenne 2 o/o et ne dépassant en aucun
cas 3 o/o du salaire de l'assuré et un sacrifice de moitié
exigé de son patron.

Dans de pareilles conditions, en présence d'une telle
supériorité de services rendus, il ne nous paraît pas admissible que les esprits non prévenus ne hâtent de leurs
vœux, l'introduction en France d'une organisation de cette
nature.

Et cependant, tant est grande chez nous l'influence des
mots, que nombre de gens et non des moindres, refusent
de s'incliner devant l'évidence des faits, s'opposent de
toutes leurs forces à l'obligation de l'assurance ouvrière

14

par le seul motif qu'ils sont opposés au principe de l'intervention de l'État.

Cessons, disent-ils, d'ériger l'État en providence, en puissance souveraine chargée de veiller sur les intérêts de la masse et soyons nous-mêmes nos propres sauveurs.

L'Imprévoyance, telle est la véritable cause, la cause efficiente des maux de l'ouvrier ; détruisons ce germe, arrachons cette plante mauvaise et le danger aura disparu. Enseignons la prévoyance, voilà la meilleure hygiène sociale. Créons des institutions de prévoyance mutuelle, persuadons l'ouvrier de s'y affilier, voilà la plus sûre sauvegarde contre les risques qui menacent le travailleur.

L'État, ajoutent-ils, n'a qu'un devoir essentiel : assurer la sécurité publique ; en dehors de sa fonction politique et dans l'ordre économique, il ne peut intervenir qu'à défaut de l'individu et là seulement où l'individu et les institutions privées sont impuissants pour satisfaire aux nécessités sociales.

Au point de vue moral, l'obligation de l'assurance détruit tous les bons effets qu'aurait l'assurance libre ; l'assurance réalisée par les sociétés de secours mutuels a pour fondement les plus nobles sentiments, la sage prévoyance, le désir de n'être à charge à personne, le dévouement, mais à une condition, c'est qu'elle repose sur des sacrifices volontairement consentis ; la retenue sur les salaires est, pour le travailleur, désagréable et vexatoire.

Tels sont les raisonnements généraux des économistes individualistes. Nous y applaudissons, mais l'étude attentive des faits est pour la solution des questions sociales bien préférable aux raisonnements.

Or, suivant les individualistes, la solution du problème, l'amélioration rêvée doivent résulter purement et simplement du développement de l'*initiative individuelle*, s'exerçant par l'épargne et l'association.

Dans son *Traité élémentaire de législation industrielle,* si intéressant et si complet, M. le Professeur Pic, résume ainsi, sans les faire siens, les arguments des individualistes.

« Sans doute, disent-ils, l'épargne du travailleur isolé est « bien faible, bien insuffisante pour parer aux risques qui le « menacent de toutes parts. Mais que les ouvriers s'associent, « mettent en commun leurs modestes épargnes, et cette « association, sagement gérée, leur permettra de faire face, « à l'aide de leurs seules ressources, aux risques divers « dont tout chef de famille prévoyant doit envisager l'éven- « tualité. Répartis sur un grand nombre de têtes, ces ris- « ques multiples, écrasants pour le travailleur isolé, seront « certainement supportés par la société d'assurances « mutuelles ou de secours mutuels, dont le plus modeste « manœuvre peut aisément être membre, tant est léger « le prélèvement qu'il doit faire subir à son salaire en « échange de la sécurité qu'il en retire (1).

C'est encore la vérité pure et nous ne saurions y contre- dire.

(1) L'insuffisance du salaire de certaines catégories d'ouvriers, des femmes surtout, n'est plus aujourd'hui sérieusement contestée, même par les adversaires les plus déterminés du socialisme.

A propos de ce que doit être « le juste salaire », le *Mutualiste lyon- nais,* l'excellent organe de la mutualité de la région du Sud-Est, a publié le 10 juin dernier, sous le titre « *Participation des ouvriers et employés* aux bénéfices de l'Entreprise », un premier article dû à à la plume de M. Rougier.

L'auteur y fait ressortir l'inanité de la formule surannée qu'a jadis donnée l'Économiste anglais Ricardo du « salaire naturel » consis- tant uniquement dans « ce qui est nécessaire à celui qui loue son travail pour subsister et se perpétuer », conséquence iné- vitable de la concurrence que se font ceux qui ont besoin de louer leurs bras pour vivre, et démontre également l'exagération de la prétention émise par Lassalle et Karl Marx, quand ils soutinrent que l'ouvrier, seul producteur d'un objet manufacturé, devait rece- voir un salaire susceptible de lui permettre de racheter intégrale- ment son produit. M. Rougier termine par les considérations sui- vantes :

Il faut retenir qu'en général, il dépend de celui qui travaille pour

Il est absolument exact que les risques écrasants pour le travailleur isolé, peuvent être aisément supportés par les travailleurs associés, et telle est bien la solution du problème pour les travailleurs qui s'associent : mais ceux qui restent en dehors de l'association, continuent à être isolés et, par ce fait, exposés à des risques écrasants et c'est là l'immense majorité, puisqu'ils forment les neuf dixièmes de la population ouvrière.

Pour eux la question demeure entière, puisque les faits ont démontré que, réfractaires à toute idée de prévoyance, ils restent étrangers aux sociétés de secours mutuels.

Finiront-ils par s'y ranger ? L'expérience du passé n'est pas pour y faire croire, mais enfin c'est possible pour un grand nombre. Ce résultat toutefois ne saurait être prochain et cependant le temps presse.

Les conditions, chaque jour plus difficiles, où se meut

---

autrui, en quelque genre que ce soit, que sa rémunération atteigne le taux nécessaire, non seulement pour le faire vivre, mais pour lui permettre de s'assurer, par des actes de prévoyance, contre les sinistres de la maladie, des accidents, de la vieillesse.

Et l'on comprend que le patron, qui est intéressé à payer le travail en proportion de la tâche accomplie, arrive à donner un salaire assez ample pour rendre les divers modes d'assurance accessibles au travailleur.

Ce souci, cette notion du juste salaire, entrent de plus en plus dans l'esprit des chefs d'entreprise : Et s'il en est qui semblent s'en écarter, on les y ramène bien vite par les coalitions et les grèves permises depuis la loi du 25 mai 1864...

Si vraie, au point de vue moral et au point de vue économique, que soit cette formule du juste salaire, elle ne confère pas aux pouvoirs publics le droit d'intervenir pour fixer un minimum de rémunération...

C'est à l'initiative des patrons, c'est à l'entente entre les patrons et les ouvriers ou employés, que peut seule être due l'attribution d'un juste salaire.

Comment peut-on en assurer la réalisation ? Bon nombre de personnes estiment que ce ne peut être qu'au moyen d'une participation des employés et ouvriers aux bénéfices réalisés par l'entreprise.

l'industrie font la lutte pour la vie plus âpre et plus ardente.

La dépopulation des campagnes ne cesse de s'accentuer au profit des villes. La concurrence universelle nécessite l'abaissement des prix de revient et comme conséquence une production plus forte, et des fabriques de plus en plus grandes, où s'engouffre tout un monde d'ouvriers pris à l'agriculture. Les conditions hygiéniques de cette existence nouvelle augmentent dans une proportion considérable les risques de maladie.

De ces constations ne doit-on pas conclure qu'il n'est pas permis d'attendre plus longtemps que la masse des travailleurs s'assagisse ?

Ce progrès semble-t-il donc assez prochain, pour négliger le remède efficace et immédiat qu'on a sous la main ?

Et, d'autre part, la récente loi sur les risques d'accidents dont les ouvriers sont victimes dans leur travail, rend indispensable une solution rapide du problème des risques de maladie.

Ainsi que nous l'avons vu, cette loi met à la charge entière des patrons la protection de leurs ouvriers contre ces risques et laisse complètement à la charge des ouvriers les risques de maladie.

Nous avons également signalé la lacune coupable que présentent les dispositions de cette loi, en omettant d'assimiler aux risques d'accidents les risques des maladies professionnelles.

Nous reconnaissons volontiers que cette assimilation présente de grandes difficultés. A notre avis cependant, ces difficultés ne sauraient excuser le législateur d'avoir institué une si injuste inégalité de traitement entre des ouvriers également victimes des conditions mêmes du travail.

Tout au moins, s'il ne lui semblait pas possible de différencier législativement la maladie résultant directement de l'insalubrité de telle ou telle industrie, de la maladie étrangère à cette cause, devrait-il comprendre que parallèlement à la loi protectrice des travailleurs contre les accidents du travail, il fallait une loi pour les garantir des risques de la maladie, quelles que soient ses causes.

CHAPITRE II

§ I.

De l'étude impartiale des idées et des faits résumés dans cette étude résulte, pour nous, l'opportunité de recourir au remède, qui a réussi, autant que cela est humainement possible, à couvrir chez nos voisins, la masse des travailleurs contre les risques de maladie.

Il reste à indiquer les dispositions générales de la législation que nous appelons de nos vœux.

A cette fin, il n'est pas sans intérêt de rappeler les qualités maîtresses du régime qui a donné d'aussi heureux résultats à l'étranger.

En Allemagne, en Autriche, en Hongrie et en Suisse on a pu voir combien étaient remarquables la flexibilité du système adopté, la variété des moyens mis en œuvre, la facilité pour chacun de se soustraire à la tutelle et à la gestion de l'Etat, et avec quel soin a été sauvegardé le principe de décentralisation si précieux dans l'assurance-maladie et si difficile à concilier avec la nature même des autres assurances.

Les œuvres d'initiative privée, créées en vue de procurer les secours contre la maladie, ont été utilisées et, quand ces organes préexistants n'ont pas suffi aux nécessités nouvelles, des organes nouveaux ont été créés de toutes pièces.

C'est incontestablement la marche qu'il convient de suivre en France en limitant avec soin l'intervention de l'État à son droit naturel de contrôle et de surveillance du fonctionnement de l'institution.

§ II.

Mais, avant d'examiner quels doivent être les organes à créer et à utiliser, il convient d'étudier la nature des fonctions à leur confier.

De quels éléments doit se composer, en France, le personel à soumettre à l'obligation de l'assurance ?

On sait que le législateur allemand voyant que la mutualité libre ne groupait qu'un parti de personnes susceptibles d'être protégées par l'assurance, en a imposé l'obligation légale aux ouvriers industriels et à un très grand nombre d'employés et *l'obligation par disposition statuaire* à certains travailleurs, artisans, petits agriculteurs pour lesquels l'assurance obligatoire ne parait réalisable que dans certaines conditions. Ce sont les communes qui ont la faculté d'étendre à cette catégorie d'individus les dispositions de la loi. Enfin d'autres personnes peuvent obtenir le droit d'adhérer volontairement à l'assurance. Les ouvriers agricoles en général et les domestiques ne sont pas soumis à l'obligation.

À notre avis, la législation française devra éviter sur cette question du personnel de soumettre à l'obligation de l'assurance certaines complications des législations étrangères et ne les suivre que dans les grandes lignes.

Elle pourrait comprendre dans une disposition générale, tous les ouvriers et les petits employés dont le traitement annuel n'est pas supérieur à une somme que nous pensons pouvoir être fixée à 2.400 francs.

Elle procéderait par voie d'exceptions pour écarter deux ordres de salariés :

1º Les personnes qui reçoivent en vertu d'un contrat de louage des soins et indemnités équivalents à ceux que peut assurer la loi, et celles auxquels les mêmes soins et indemnités sont assurés soit par leur fortune personnelle, soit par leur famille. Dans cette catégorie, seront compris les employés de l'État, des Départements et des Communes, qui continuent à toucher un traitement en cas de maladie pendant un certain laps de temps.

2º Les individus auxquels la nature même de leur travail ou les conditions où il s'exerce, rend l'application de la loi à peu près impraticable, tels certains ouvriers travaillant isolément et indépendants de tout chef de commerce ou d'entreprise.

Mais la faculté de bénéficier de l'assurance devra être accordée, sous certaines conditions, à ces deux catégories de travailleurs. L'heureuse disposition de la législation allemande relative au pouvoir conféré aux communes d'étendre les effets de la loi à certaines personnes, sera traduite en une disposition équivalente.

Les militaires et marins en activité de service, les marins du commerce et les mineurs sujets à des lois spéciales resteront naturellement en dehors des prescriptions de la loi. Seront dans le même cas, sauf la faculté dont jouissent les dispensés dont il vient d'être parlé, les retraités de tous ordres dont le chiffre de pension additionné au traitement donne un total supérieur à 2.400 francs.

III

La classe des salariés obligés à l'assurance une fois déterminée, il conviendra de fixer la nature et la quotité des secours à allouer aux associés ; on trouve sur ce point dans le régime appliqué en Allemagne des indications contrôlées par une expérience suffisante.

Les soins médicaux, les remèdes et les appareils jugés nécessaires à la guérison, et dans certains cas, l'hospitalisation temporaire des malades constituent les éléments essentiels d'un service bien compris d'assurance contre la maladie. Il en est de même des secours pécuniaires à allouer aux malades, pour subvenir tant à leurs besoins qu'aux besoins de ceux dont ils ont la charge, pendant le temps où ils sont incapables d'y pourvoir par leur travail.

Les divergences d'opinions ne peuvent à cet égard se produire que sur le point de savoir quelle est la durée possible (1) de l'allocation des secours de toute nature et la quotité de l'indemnité pécuniaire

La solution de la question dépend, au point de vue de la durée, des ressources des organes chargés du service de l'assurance, et par corrélation de ce qu'il est pratiquement possible d'exiger du salarié et du patron à titre de cotisations, car nous écartons, dès à présent, toute intervention pécuniaire directe de l'Etat, ainsi que l'ont fait sagement les législateurs allemands et austro-hongrois.

---

(1) En Allemagne, la loi fixe un minimum de durée de secours. Ce minimum est de treize semaines, c'est la durée qu'appliquent les caisses communales. Les autres caisses ont le droit de porter cette durée à cinquante-deux semaines. Mais elles sont loin d'épuiser leur droit, puisque la durée moyenne dans les caisses organisées ne dépasse pas dix-sept semaines. Il est vrai que l'assurance contre l'invalidité vient à son tour remplir son rôle protecteur.

Voir *supra*, 2e partie, p. 126.

Quant à la quotité de l'indemnité pécuniaire, la solution dépend évidemment aussi du chiffre des ressources possibles, mais elle se complique de la crainte de voir les assurés simuler la maladie ou sa durée, si l'indemnité se rapproche par trop du montant du salaire. Cette crainte a amené la grande majorité des caisses de maladie à établir le taux de l'indemnité à un chiffre ne dépassant guère 50 ou 60 o/o du salaire. L'expérience avait démontré que dans certaines caisses de mineurs le nombre des malades à secourir s'élevait en proportion de l'élévation de l'indemnité et diminuait au contraire avec le chiffre auquel on était obligé de la ramener (1).

Lorsque ces questions seront soumises au législateur français (elles le seront forcément un jour) il devra porter une attention particulière sur l'hospitalisation de certains malades assurés sous le régime de l'obligation, non pas pour charger, en quoi que ce soit, l'Etat de la création, de l'entretien et de la direction d'hospices spéciaux (c'est affaire aux organes qui seront chargés des services de l'assurance), mais pour leur permettre, leur faciliter par les

(1) Comme toutes les choses du monde, l'assurance ouvrière à ses bons et mauvais côtés. Parmi ces derniers, il faut aujourd'hui compter en Allemagne sur la tendance qu'ont de plus en plus certains ouvriers à abuser par le mensonge des avantages qui leur sont assurés. On se plaint de l'exagération des réclamations qui cause un préjudice aux ouvriers honnêtes par suite de la défiance que ces manœuvres éveillent. La presse socialiste donne les instructions nécessaires sur les moyens à employer pour simuler la maladie. Les hôpitaux sont désignés sous le nom d'écraseurs de pensions (Rentenquetscher) et autres épithètes de haut goût. Enfin tout est essayé par les prétendus amis de l'ouvrier pour le rendre hostile aux corporations d'assurances. Le *Kompass*, journal des corporations d'assurances.

dispositions de la loi, la fondation ou l'usage d'établissements (1) qu'après vingt années d'études expérimentales
les allemands reconnaissent devoir être le complément
indispensable des assurances ouvrières.

Les secours dont nous venons de parler sont l'objectif
essentiel de l'assurance-maladie ; il faut y ajouter, comme
accessoires obligés, les indemnités pour frais funéraires
et les soins à fournir aux femmes en couches.

Le taux des secours varient en Allemagne avec les
diverses formes de l'organe chargé du service de l'assurance.

D'une manière générale, il existe une certaine unifor-
mité en ce qui concerne les soins médicaux et pharmaceutiques, les divergences portent plutôt sur le taux de
l'indemnité qui a pour base tantôt, comme dans l'assurance
communale, le salaire moyen des manouvriers de la localité,
tantôt, comme dans les caisses locales, la moyenne du salaire
de la catégorie à laquelle appartient l'assuré, tantôt, au
contraire, son salaire réel comme dans les caisses de fabriques. Quant aux caisses libres, la loi fixe seulement un
minimum qui est le taux de l'assurance communale. Les

---

(1) Au nombre de ces établissements viennent en première ligne
les *sanatoriums* pour tuberculeux indigents.

On comprendra mieux leur utilité au point de vue qui nous occupe
par les quelques lignes que nos empruntons à une notice toute
récente (19 septembre 1899), intitulée : *La lutte contre la Tuberculose
au point de vue social.* Tout le monde est d'accord pour reconnaître
l'immensité des ravages que cause partout, mais surtout dans les
agglomérations ouvrières urbaines, ce fléau envahissant, et pour
demander qu'il lui soit opposé une digue.

... Les Allemands, gens plus pratiques que sentimentaux, l'ont
compris depuis longtemps. Le mouvement d'opinion qui se fait
depuis plusieurs années, en Allemagne, autour de la question des
sanatoriums populaires, mouvement resté presque ignoré en France,
est la marque de préoccupations économiques plus encore que thérapeutiques.

S'étant aperçue que, sur 1.000 ouvriers devenus invalides entre l'âge
de 20 à 24 ans, 548 étaient des tuberculeux, l'administration centrale

secours ne sont dûs les dimanches et jours fériés que par voie statutaire.

Sur tous ces points, de même que sur l'organisation des huit catégories de caisses de maladie, le système allemand nous paraît bien compliqué.

En France, nous sommes plus simplistes ; il sera donc chez nous préférable d'étudier un tarif minimum à imposer à tous les organes qui seront chargés du service de l'assurance en laissant à chacun d'eux la faculté de l'élever à un maximum légal.

Toutefois les législations étrangères présentent peut-être encore un désidératum que nous voudrions voir étudier, bien que pour y satisfaire le principe de mutualité vraie doive subir une atteinte encore plus grave que sous le régime en vigueur.

Ce serait une progression du taux de l'indemnité d'incapacité de travail proportionnelle aux nombre d'enfants ou

des assurances de l'Empire ne trouva pas de meilleur remède à ce ruineux état de choses, que la création de sanatoriums populaires.

La maladie est dépistée à ses débuts et l'ouvrier envoyé d'office au sanatorium dès les premières atteintes. De cette manière, la famille assistée d'ailleurs pendant l'absence de son chef, est soustraite à la contagion : quant au malade, bientôt guéri et rentré à l'atelier, il décharge d'autant la caisse d'invalidité.

Du chef de l'organisation actuelle, 25 sanatoriums donnent déjà, chaque année, des soins à 16.000 tuberculeux, l'ensemble de ces caisses a déjà réalisé une économie de plus de 1 million de marks, sans parler des contagions évitées.

Pour développer ce mouvement et ces résultats, un comité a été constitué à Berlin sous le protectorat de l'impératrice. Son programme a été exposé au récent congrès de Berlin et le but immédiat qu'il va réaliser est la création de 30 sanatoriums populaires nouveaux contenant 3.000 lits. A cette création participent tous les groupes sociaux de l'empire : État, communes, offices d'assurances, industriels, associations, particuliers, Croix-Rouge, etc.

C'est ainsi que MM. Brouardel, Landouzy, Grancher, délégués français de l'Académie de médecine, ont pu voir avec surprise se développer devant eux, sous l'égide d'un gouvernement, tout un d'ascendants qui sont à la charge des assurés malades et pouvant s'élever jusqu'à la totalité du salaire.

Dans tous les cas, la disposition des lois allemande et austro-hongroise, déclarant le droit au secours incessible et insaisissable, devra être respecté chez nous.'

Il conviendra également de distraire de la loi récente sur les accidents toute la catégorie des petits sinistres pour l'adjoindre au service de l'assurance-maladie, comme l'ont fait les nations, qui, bien qu'il nous en coûte, doivent en fait d'assurances ouvrières nous servir de modèles.

Sont encore, à titre de pénalité, déchus en tout ou partie du droit à l'indemnité pécuniaire les assurés qui ont provoqué la maladie, soit intentionnellement, soit par ivresse, rixe ou débauche. Cette disposition devra être imitée aussi.

plan de campagne contre la tuberculose, présenté avec éclat à l'étude des médecins et des économistes.

Cette magnifique organisation comporte pour nous une petite humiliation et une grande leçon. Comment, sans outillage et sans ressources, rivaliser avec elle ? *Son vaste système est entièrement basé sur l'assistance ouvrière obligatoire ; c'est par elle qu'est garanti financièrement le sort des sanatoriums : il en résulte que ce plan, applicable en Allemagne, grâce à la législation sur les assurances ouvrières, ne l'est pas en France, en dépit de l'apparente démocratie de nos institutions.* Le problème est donc plus complexe chez nous ; et n'en demande pas moins à être résolu.

Nous sommes heureux et fiers de voir la région lyonnaise entrer la première dans cette voie humanitaire par la création du sanatorium d'Hauteville.

C'est à l'auteur des lignes qui précèdent, le docteur F. Dumarest, ancien interne des hôpitaux de Lyon, notre compatriote et notre ami, que revient le mérite de cette création. Il a su faire partager sa foi ardente dans l'excellence de cette œuvre à une phalange d'hommes généreux, qui, mus par le seul désir d'être utiles à ceux qui souffrent, ont élevé, de leurs deniers, ce superbe établissement qui sera, dans très peu de mois, le premier sanatorium populaire fonctionnant en France.

IV

Quels sont en France les moyens les plus propres à la création des ressources indispensables aux services des assurances ?

Nous avons écarté l'intervention pécuniaire de l'État et il ne saurait être question ici de dons ni de legs.

Les ressources ne pourront donc provenir que des retenues à opérer sur les salaires, d'une contribution à imposer aux patrons et chefs d'entreprise et d'un droit d'entrée à payer par les assurés.

En ce qui concerne les cotisations, la part contributive des patrons ou chefs d'entreprise nous semble équitablement ou du moins pratiquement établie dans l'Empire allemand. On sait qu'elle est égale à la moitié de la cotisation de l'assuré, c'est-à-dire que quand ce dernier paie 2, le patron paie 1.

A ce sujet, cependant, une observation qui n'est pas sans importance, vient naturellement à l'esprit.

Elle a trait aux maladies que nous avons appelées professionnelles, parcequ'elles sont la conséquence directe des conditions particulièrement malsaines où s'exercent certaines industries. N'est-il pas juste que les chefs d'entreprises, spécialement dangereuses pour la santé de ceux qui y sont employés, aient à supporter seuls les frais des maladies qu'elles causent au même titre que les patrons supportent seuls les conséquences des accidents dont leurs ouvriers sont victimes.

Le caractère d'équité que présente la question, suffit-il à la faire résoudre législativement par l'affirmative ? Ou bien les difficultés d'une classification des industries nuisibles à la santé des ouvriers et la crainte de compliquer les dispositions d'une loi qu'il faut s'appliquer à rendre aussi simple et aussi générale que peut le comporter son objet, doivent-elles faire écarter cette proposition ? Nous laissons à de plus expérimentés que nous le soin de se prononcer.

En restant dans les généralités, nous pensons donc que la proportion d'un tiers à fournir par le patron et de deux tiers par l'assuré est celle qui devra être admise par le législateur français.

En Allemagne, en Autriche, en Hongrie, les salaires sont la base du calcul des cotisations.

Sur ce point une première difficulté a surgi ; le montant du salaire réel n'est facile à connaître que dans la grande industrie. La difficulté a été résolue en considérant tantôt le salaire moyen des manouvriers de la localité, tantôt la moyenne des salaires de la catégorie des travailleurs dont fait partie l'assuré, tantôt enfin le salaire personnel réel.

Cette solution ne donne que bien incomplètement satisfaction à cette autre nécessité de l'assurance mutuelle, à savoir qu'il faut que tous les adhérents à une même caisse de maladie fournissant des cotisations égales, puisque leurs droits aux secours sont égaux. La cotisation qui a pour base le salaire réel ne doit permettre que bien rarement la constitution de caisses où ce principe est entièrement sauvegardé.

La base qui nous paraît permettre de se rapprocher le plus de cette condition essentielle de la mutualité vraie est la moyenne des salaires de la catégorie des travailleurs appelés à faire partie des mêmes caisses. Il ne sera sans doute pas difficile en France d'établir cette moyenne.

On sait qu'en Allemagne, l'importance de la retenue à faire subir aux salaires, a pour la limite inférieure 1 1/2 o/o du salaire et 3 o/o pour limite supérieure.

Pour le raisonnement qui va suivre, il est utile de rappeler quelques chiffres fournis par la statistique officielle allemande :

En 1893, on comptait en Allemagne 7.106.804 assurés dans 21.226 caisses de maladies qui ont donné des soins à 2.794.027 malades, pendant 46.199.436 jours de maladie, en dépensant 126.018.810 marks (un capital de 83.811.959 marks constituait à ce moment le fonds de réserve). C'est donc $\frac{126.018.810}{7.106.804} = 18.0026$, un peu plus de dix-huit marks pas tête assurée qu'exige comme dépense totale le service de l'assurance-maladie (soit 22 fr. 50).

Pour faire face à cette dépense (en laissant de côté la constitution de la réserve) il a donc fallu que la cotisation moyenne de l'ouvrier atteignît seulement les 2/3 de 18 marks, soit 12 marks, puisque le patron en a fourni l'autre tiers, soit 6 marks.

Or. si nous prenons l'ensemble d'un ouvrier qui gagne 600 marks par an (750 francs) (300 jours de travail), on voit qu'une retenue de 2 o/o (quatre pfennigs ou 0,05 centimes par jour, a suffi pour produire ce résultat (1).

Il faut encore remarquer que si 600 marks peuvent constituer le salaire moyen des ouvriers allemands, les salaires en France sont bien plus élevés.

On peut sans hésitation conclure de ces simples chiffres que la base du calcul adoptée en Allemagne est admissible en France.

CHAPITRE III

§ I

On a vu l'assurance communale en Allemagne, les caisses de district en Autriche constituées comme une sorte de pis-aller ou de refuge propre à recevoir les

(1) Cet exemple est tiré de l'ouvrage de M. le président Bœdiker. Voir *supra*, p. 3.

salariés non classés ou difficiles à classer dans les autres
catégories d'assurés et certains assurés volontaires, qui,
presque tous, sans cette institution, échapperaient à l'obligation et ne bénéficieraient pas des bienfaits de l'assurance.
Il sera difficile en France d'éviter la création de quelque
organe analogue. Le canton, croyons-nous, devrait prendre
ici la place de la commune allemande et du district autri-
chien ; nous aurions ainsi l'assurance cantonale jouant le
rôle de l'assurance communale et des caisses de district.

Encore faudrait-il que chaque groupe de cet organe de
l'assurance fût librement administré par ses membres et
par leurs patrons dans la proportion de leurs contributions
aux ressources.

En dehors de cet organe nécessaire de l'assurance obligatoire, peut-être ne sera-t-il pas utile pour le bon fonctionnement de l'institution de suivre les législateurs étrangers
dans les réglementations multiples et variées, imposées
aux différentes natures de caisses qu'ils ont établies.

Le rôle des pouvoirs publics pourrait se borner à veiller
à l'exécution des principes généraux ci-dessus posés :

1° Sur les personnes obligées à l'assurance ; 2° Sur le
minimum des secours à fournir par les organes de l'assurance ; 3° Sur les limites dans lesquelles les cotisations
ouvrières et les contributions patronales doivent subvenir
aux ressources.

L'initiative des travailleurs et des chefs d'entreprises peut
suffire à opérer entre eux les groupements les plus favorables aux intérêts communs. Tout au plus conviendrait-il,
en raison des nécessités de la surveillance spéciale à l'assurance-maladie, de limiter par un règlement administratif
ces groupements comme nombre et comme lieu, bien que
nous pensions que l'intérêt des participants soit un guide
préférable aux meilleurs règlements.

15

Quant à l'administration des groupements, les dispositions de la loi sur les sociétés de secours mutuels peuvent être appliquées, sauf en ce qui concerne la participation indispensable des patrons à la gestion de deniers qu'ils versent en partie.

Les membres participants des sociétés de secours mutuels obligés à l'assurance devront être considérés comme donnant satisfaction à l'obligation légale, si les statuts anciens ou modifiés de la société dont ils font partie satisfont aux prescriptions de la loi d'assurance-maladie.

En fait, par suite des exigences de l'assurance obligatoire, les statuts des sociétés anciennes devront nécessairement être modifiés, ne fût-ce qu'en raison de la participation des chefs d'entreprises au paiement des cotisations des assurés.

Le rôle des sociétés de secours mutuels dans le fonctionnement de l'assurance obligatoire contre la maladie sera donc, dès le début de la nouvelle institution, d'une importance capitale. Mais il ne peut être réellement utile qu'au prix de certaines dispositions statutaires nouvelles.

On a vu que le but principal des sociétés de secours mutuels, sous le régime de l'ancienne législation, était, notoirement, d'assurer à leurs adhérents les secours de maladie.

La loi nouvelle, tenant compte des vœux des mutualistes et des essais tentés par la plupart des sociétés pour établir un service de pensions à la vieillesse, a cherché à stimuler cette tendance, au moyen de nombreux avantages concédés à cette fin.

Cependant, suivant l'indication donnée au cours de la discussion de la loi par M. Audiffred, son rapporteur, le législateur a conservé aux sociétés, pour objet principal,

les secours en cas de maladie. Mais, en même temps, il
leur a conféré des facultés nouvelles et multiples.

C'est à ce point qu'une même société peut, aux termes
de la législation en vigueur :

1º Assurer à ses membres participants et à leur famille
les secours en cas de maladie, blessures ou infirmités ;

2º Constituer des pensions de retraite ;

3º Contracter, au profit de ses adhérents, des assurances
individuelles ou collectives en cas de vie, décès et accidents ;

4º Accorder des secours aux ascendants, aux veufs,
veuves et orphelins des membres décédés, et pourvoir aux
frais de funérailles ;

5º Et, en outre, elle peut créer, au profit de ses membres,
des offices gratuits de placement, des cours professionnels,
et donner, en cas de chômage, des allocations en créant,
pour ces trois dernières dépenses, des cotisations spéciales.

De telle sorte que l'institution des sociétés de secours
mutuels peut, à elle seule, poursuivre le but des trois
assurances ouvrières allemandes contre la maladie, l'invalidité et la vieillesse, sans compter d'autres services non
moins précieux.

La poursuite de cette multiplicité d'objets exige nécessairement un effort supérieur à celui qu'il est permis de
demander tout d'abord à la masse des travailleurs, jusque
là réfractaires au mouvement mutualiste.

Aussi les sociétés qui voudront avoir leur part dans
l'accession des nouveaux venus à la mutualité, devront-
elles scinder leurs services en des offices distincts dont le
premier sera organisé en vue de l'assurance contre la
maladie.

Les stipulations statutaires relatives à la branche assurance-maladie, seraient conçues de façon à concorder sur

tous les points avec les dispositions de la législation sur l'assurance obligatoire.

Les autres branches des mêmes sociétés continueraient à assurer les services autres que ceux des secours-maladie, au moyen de ressources distinctes provenant du supplément de cotisation des membres adhérents à tous les offices sociaux et des avantages spécialement concédés par les pouvoirs publics.

Du reste, comme on le sait, la solution de la grave question des retraites exige une organisation différente de celle suffisante à assurer les secours de maladie. Dès lors, l'intérêt des sociétés de secours mutuels est d'accepter, voir même de provoquer la division proposée.

Dans ces conditions, les hommes distingués qui se sont dévoués jusqu'alors à l'œuvre généreuse de la mutualité libre, ne marchanderont pas le concours de leur expérience à l'union des mutualistes malgré eux, liés aux mutualistes par conviction, dans une même association fraternelle.

La conviction qu'ils auront d'amener peu à peu les premiers, par la fréquentation et l'exemple des seconds, à profiter des autres et si précieux avantages dévolus à ces derniers, en échange d'un minime sacrifice volontaire, sera pour ces hommes de bien un puissant stimulant.

Ce serait, en effet, un bienfait inappréciable pour la classe ouvrière, que cette union rêvée des nouveaux et des anciens mutualistes sous une même bannière et sous une administration générale commune.

Une association ainsi constituée deviendrait une puissance incomparable pour l'amélioration morale et matérielle des travailleurs.

Certainement, de graves modifications devraient être apportées à l'organisation des sociétés de secours mutuels, afin de leur permettre de remplir ce rôle bienfaisant, mais la loi du 1ᵉʳ avril 1898 a pourvu d'avance aux plus essentielles.

Le nombre des participants n'y est pas limité, pas plus que les centres d'action ; nous ne voyons pas non plus qu'il y soit interdit à une société de se répartir en sections ou en groupes, afin d'arriver par cette division à une répartition meilleure des secours et à une surveillance plus efficace.

Son article 8 autorise les *Unions de caisses* ayant pour objet les soins et les secours énumérés à l'article premier que nous venons de reproduire, l'admission des membres changeant de résidence, les règlements de pensions, l'organisation d'assurances pour des risques divers, la création de caisses d'assurances communes pour les opérations à long terme, les *maladies de longue durée* et les placements gratuits.

Ce qu'il faut remarquer surtout dans l'ensemble de ces dispositions, c'est leur caractère libéral qui rend d'ores et déjà applicable, ou à peu près, le projet dont nous venons de tracer les grandes lignes.

Aussi, loin de perdre, du fait de l'introduction du principe de l'obligation dans l'assurance-maladie, la plus mince fraction de leur utilité incontestable, de leur heureuse influence, et de leur caractère moralisateur, les sociétés de secours mutuels réuniront sous leur égide la masse entière des travailleurs et les amèneront, par le contact et l'exemple, à comprendre la puissance de la mutualité et à profiter de tous ses bienfaits.

Tel, est dans un avenir prochain, le rôle magnifique réservé aux sociétés françaises de secours mutuels.

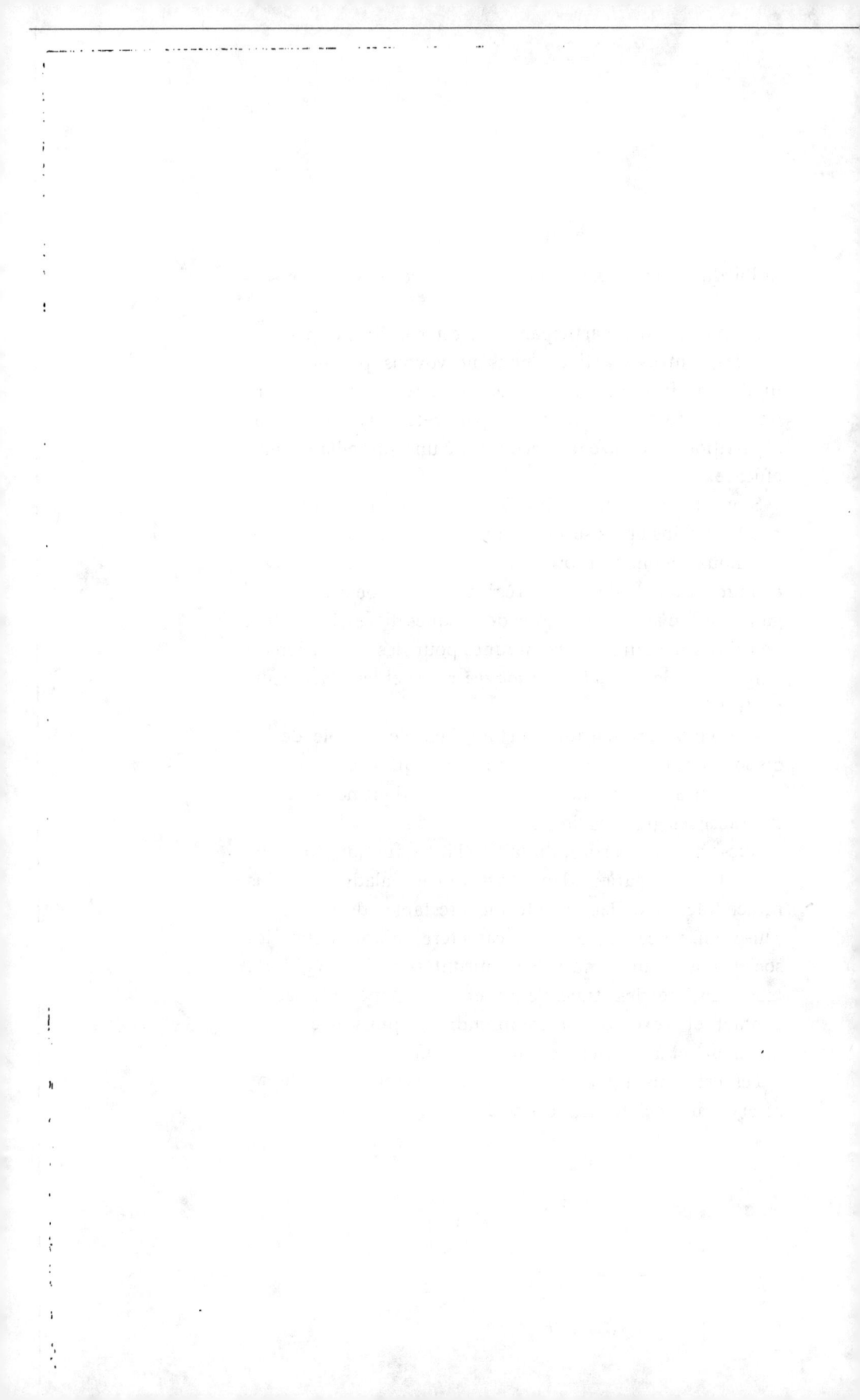

RÉSUMÉ ET CONCLUSION

Nous avons essayé de mesurer à travers les âges le chemin parcouru par l'idée de mutualité libre, appliquée à la
garantie des risques qui menacent le travailleur. Nous
avons indiqué les progrès de l'opinion, à l'étranger et chez
nous, dans le sens de l'assurance mutuelle obligatoire.

Nous avons décrit la lutte des individualistes et des
interventionistes en ces questions de mutualité et de
préservation sociale et montré la victoire de ces derniers,
pour ainsi dire complète, dans les pays allemands et
scandinaves et dans la Confédération helvétique.

Nous avons, à cet effet, passé en revue les projets et les
lois de ces divers pays.

Nous avons suivi les progrès, le fonctionnement de nos
sociétés de secours mutuels, chiffré leurs résultats et
analysé leurs diverses législations.

Parallèlement, nous avons abordé l'étude du fonctionnement de l'assurance obligatoire chez nos voisins et montré
ses bienfaits. Nous avons reconnu l'excellence du régime,
au moins en ce qui concerne l'assurance-maladie.

Nous avons été plus loin ; après avoir mis en balance
les résultats donnés d'un côté par l'assurance obligatoire,
de l'autre par la mutualité libre, après avoir pesé les
inconvénients et les avantages des deux institutions et
donné les arguments pour et contre, nous avons conclu,
en réservant toutefois notre opinion sur les risques d'invalidité et de vieillesse, à la supériorité du système de
l'assurance-obligatoire-maladie sur celui de la mutualité
libre.

Peut-être aurions-nous dû borner là notre tâche ?

Cependant, nous avons voulu montrer que le principe
de l'intervention de l'Etat, en matière d'assurances, stricte-
ment cantonné dans de justes limites, n'était pas incom-
patible avec l'idée de liberté, quand on sait la restreindre
dans la mesure où elle n'est pas un obstacle au bien.

Et nous avons préconisé une alliance qui, nous l'espé-
rons, peut devenir féconde en résultats heureux.

Même nous sommes entrés dans certains détails sur les
bases de cette alliance, nous voulons dire sur les conditions dans lesquelles les sociétés de secours mutuels pourraient se charger, sans perdre une parcelle de dignité, du
service presque total de l'assurance contre la maladie,
concurremment avec les autres objets qu'elles se proposent.

Le législateur suisse a fait un pas dans cette voie en
juxtaposant aux assurances obligatoires contre la maladie,
les assurances volontaires contre le même risque et en
conférant aux sociétés de secours mutuels le droit de servir
d'organe à ce double service.

De même, sous l'égide de nos sociétés de secours mutuels,
des millions d'ouvriers seront garantis des risques immédiats de leur condition, la maladie et l'accident, au moyen
d'un léger impôt personnel ajouté à la contribution patronale ; ils seront à l'abri des risques moins fréquents ou
plus lointains de l'invalidité et de la vieillesse au moyen
d'un sacrifice consenti librement et bien léger aussi.

C'est ainsi que dans notre chère France un grand devoir
social aura été rempli.

Il faut, pour y réussir, fondre en un ensemble harmo-
nieux la loi actuelle sur les accidents du travail, celle à
faire sur l'assurance-maladie et la loi des sociétés de
secours mutuels.

Dans le projet dont nous avons tracé l'ébauche, nous n'avons pas trop insisté sur cette nécessité, ni sur les résistances à vaincre pour faire aboutir une œuvre aussi laborieuse. C'est qu'en effet, à trop montrer les difficultés des choses, on risque de les rendre impossibles.

Vu à Lyon, 10 octobre 1899 :
Le Président de la Thèse,
P. PIC

Vu à Paris, le 11 octobre 1899,
Le Doyen de la Faculté,
E. CAILLEMER

PERMIS D'IMPRIMER :
Le Recteur de l'Académie,
Président du conseil de l'Université,
Lyon, le 13 octobre 1899,
G. COMPAYRÉ.

BIBLIOGRAPHIE

P. Leroy-Beaulieu. — *Traité théorique et pratique d'Économie politique.*

Cauwès. — *Traité d'Économie politique.*

Gide. — *Principes d'Économie politique.*

De Courcel-Seneuil. — *Traité d'Économie politique.*

Dalloz. — Répertoire et supplément. — (Services publics).

Léon Say. — *Nouveau Dictionnaire d'Économie politique.* — (Assistance. — Assurance. — Mutualité. — Prévoyance.)

Paul Pic. — *Traité élémentaire de Législation industrielle.* Paris, 1894.

G. Bry. — *Cours élémentaire de Législation industrielle.* Paris, 1895.

Paul Rougier. — *Les Associations ouvrières.* Paris, 1864.

Hubbard. — *De l'organisation des Sociétés de prévoyance ou de Secours mutuels.* Paris, 1852.

Dutilleux. — *Les Sociétés de secours mutuels.* 1880.

Desmaret. — *Législation et organisation des Sociétés de secours mutuels.*

Sérullaz. — *Les Sociétés de secours mutuels.* Lyon, 1890.

Martinet. — *Les Sociétés de secours mutuels et les assurances ouvrières.* 1891

Gilly. — *Les Sociétés de secours mutuels.* Paris, 1894-95.

Pajot. — *Le Progrès par les Sociétés de secours mutuels.*

Prosper Laffite. — *Essai d'une théorie rationnelle des Sociétés de secours mutuels.*

H. de Valfons. — *Les Sociétés de secours mutuels en France.* Poitiers, 1898.

P. Rougier. — *Les Sociétés de Secours mutuels devant le Parlement. (Conférence).* Lyon. 1895.

E. Laurent. — *Le Paupérisme et les associations de prévoyance.* Paris, 1860.

ROSTAND. — *De l'action sociale par l'initiative privée.* Paris 1892.

MAURICE BELLOM. — *Les lois d'assurance ouvrière à l'étranger.* 2 vol. Paris, 1892.

ROCHETIN. — *Les assurances ouvrières.* Paris, 1896.

CERESOLLES. — *De l'assurance par l'État, surtout en Suisse.* Lausanne, 1892.

CLÉMENT. — *Des assurances mutuelles.* 1889.

CHAUFTON. — *Les assurances. — Leur passé. — Leur avenir.* 2 vol. Paris, 1884-86.

A. CHOREL. — *De l'assurance par l'État.* Saint-Étienne, 1897.

DE COURCY. — *De l'assurance par l'État.* Paris, 1894.

VIVIER. — *Assurance contre le chômage.* Lyon, 1898.

PAUL PIC. — *Rapport sur la législation du travail en France.* Bruxelles, 1897.

CH. ROGEZ. — *Le mouvement mutualiste.* Lille, 1896.

G. HAMON. — *Histoire de l'assurance en France et à l'étranger.*

WUARIN. — *L'assurance obligatoire en Allemagne.*

PEUVERGNE. — *Organisation par l'État des caisses de retraites pour les ouvriers.* Paris, 1892.

ROCHETIN. — *La Caisse nationale de prévoyance ouvrière et l'intervention de l'État.*

LÉON SAY. — *Rapport sur le groupe d'Économie sociale à l'exposition annuelle de 1889.*

BARTHOU. — *Rapport sur la situation des Sociétés de secours mutuels en 1895.* 1897.

ARBOUX. — *Rapport au Congrès des Sociétés de secours mutuels en 1889.*

LOUIS FONTAINE. — *Rapport. — Économie sociale, sections V et VI de l'Exposition universelle de 1889.*

J. CAVÉ. — *Communication sur les progrès de la mutualité scolaire à l'Assemblée générale de la Ligue française de l'enseignement.* Mars 1898.

ÉDOUARD PETIT. — *Rapport à M. Rambaud, ministre de l'instruction publique, sur la mutualité scolaire.* 1898.

Rapport de la Société de secours mutuels des ouvriers en soie de Lyon. 1896.

CH. BROUILHET. — *Les associations ouvrières en Allemagne.* — Rapport présenté en 1896 à la Société d'Économie politique de Lyon. 1896.

LÉON SAY. — *Rapport à la Chambre des Députés sur le projet de loi adopté par le Sénat.* — *Journal officiel.* — *Débats et documents parlementaires.* Session 1886.

AUDIFFRED. — *Rapports à la Chambre des Députés.* — *Journal officiel.* — *Débats et documents parlementaires.* Session 1889. — Sessions 1893 et 1898.

LOURTIES. — *Rapport au Sénat.* — *Journal officiel.* — *Débats et documents parlementaires.* Session 1879.

HIPPOLYTE MAZE. — *Rapport sur le projet de loi adopté par le Sénat.* — *Journal officiel* — *Débats et documents parlementaires.* Session 1890.

GUIEYSSE. — *Rapport au nom de la commission du travail chargée d'examiner le projet de loi et les diverses propositions de loi relatives aux Caisses ouvrières. (Caisse nationale ouvrière de Prévoyance.* — *Journal officiel.* — *Débats et documents parlementaires.* Session 1893.

CHEYSSON. — *Les assurances ouvrières (Réforme sociale 1892).*

A. GIGOT. — *L'assurance obligatoire allemande et l'assurance libre. (Réforme sociale 1894.)*

FORRER. — *Projets de lois fédérales.* — *Bulletin du comité permanent du Congrès des accidents et assurances sociales.* (année 1896.)

WILLHELM UPPSTRÖN. — *Les assurances sociales devant les chambres suédoises.* — *Bulletin du comité permanent du Congrès des accidents et assurances sociales* (année 1896.)

EDMOND FUSTER. — *Assurance obligatoire contre la maladie.* — *Bulletin du comité permanent du Congrès des accidents du travail et assurances sociales* (année 1896.)

MARIE. — *Rapport au nom de la commission de comptabilité statistique et financière des sociétés de secours mutuels.* — *Bulletin du comité permanent du Congrès des accidents et assurances sociales* (années 1889 à 1895.)

Bulletin de l'office du travail. — Résultats statistiques de l'assurance obligatoire en Allemagne. — Année 1894 et 1895.

Revue de législation ouvrière et sociale. 1897 et 1898.

Bulletin du Congrès de Reims. 1898.

Revue des Institutions de Prévoyance et de Mutualité. — H. MAZE.

Revue politique et parlementaire. 1897. — RAOUL JAY.

Revue d'Economie politique. Mutualité et assistance sociale, 1895.

Annuaire de législation étrangère. 1890.

Le Mutualiste lyonnais. (MM. Rougier, Bleton, Pey). 1897, 1898, 1899.

Le Moniteur judiciaire de Lyon. (28 et 29 août 1893. — Projet de loi sur les Sociétés de secours mutuels, par M. P. Rougier.)

Bulletin trimestriel de la Fédérations des Sociétés d'Anciens élèves des Ecoles municipales de Lyon (juillet 1899.)

TABLE DES MATIÈRES

DEUXIÈME PARTIE

L'Assurance obligatoire à l'Etranger

CHAPITRE PREMIER

CHAPITRE II

CHAPITRE III

CHAPITRE IV

CHAPITRE V

CHAPITRE VI

CHAPITRE VII

CHAPITRE VIII

TROISIÈME PARTIE

Origines et dernières applications de l'assurance obligatoire en France

CHAPITRE I

CHAPITRE II

CHAPITRE III

QUATRIÈME PARTIE

Solution proposée

CHAPITRE PREMIER

CHAPITRE II

CHAPITRE III

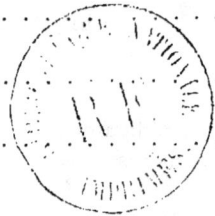

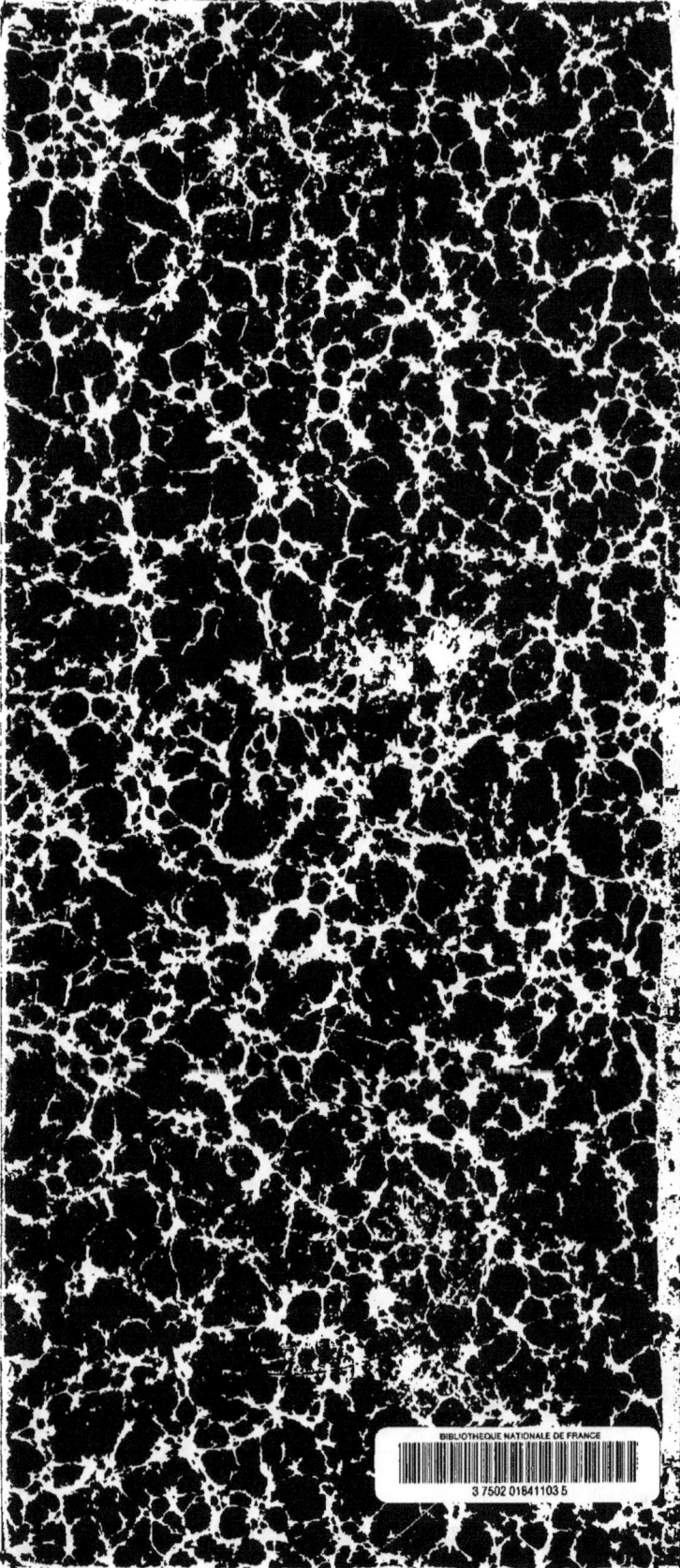

www.ingramcontent.com/pod-product-compliance
Lightning Source LLC
Chambersburg PA
CBHW070807270326
41927CB00010B/2334